Graham Greene

In Meiner Eigenen Welt

Graham Greene

In Meiner Eigenen Welt

Ein Traumjournal

Aus dem Englischen von
Joachim Kalka

Steidl

Titel der englischen Originalausgabe:
»A World of My Own. A Dream Diary«, erschienen bei Reinhardt Books Ltd, London, 1992

1. Auflage April 1995

Gesetzt aus der Baskerville der Berthold Systeme, Berlin
Umschlaggestaltung: Klaus Detjen
Herstellung: Steidl, Düstere Straße 4, D-37073 Göttingen
Printed in Germany
ISBN 3-88243-342-6

Vorwort

Ein paar Tage vor seinem Tod, als seine Tochter Caroline und ich ihn im Hôpital de la Providence in Vevey besuchten, bat mich Graham Greene, dieses Traumjournal für die Veröffentlichung vorzubereiten. Nur der Wunsch, mein Versprechen zu halten, veranlaßt mich daher, diesem postumen Buch, das er *In Meiner Eigenen Welt* nannte, ein bescheidenes Vorwort voranzustellen.

Graham schützte sein Privatleben ebenso entschieden, wie er das Privatleben anderer respektierte. Er lehnte es immer ab, eine Autobiographie zu schreiben – nachdem er »im Alter von etwa siebenundzwanzig Jahren das Protokoll geschlossen hatte« (mit seinem Buch *Eine Art Leben*) –, weil dies, wie er sagte, zwangsläufig ein Eindringen in die Privatsphäre anderer bedeutet hätte. Die private Welt seiner Träume aber kultivierte er sorgfältig und hielt sie fast täglich in den Traumjournalen fest, die er während der letzten fünfundzwanzig Jahre führte.

Aus den verschiedenen Bänden dieser Aufzeichnungen wählte er das hier Zusammengestellte für die Veröffentlichung aus – eine sorgfältige, überlegte Auswahl. Das Projekt beschäftigte ihn in seinen letzten

Lebensmonaten. Es interessierte ihn. Und zu den Reizen dieses Buches gehört der Reiz, der für ihn ganz offenbar in der Auswahl der Texte lag.

In dieser Welt des Unbewußten und der Phantasie – einer Welt, die er gern als *farfelue* [etwas verrückt] bezeichnete –, in der sich alles von der Zeit gelöst kreuzt und verwirrt, fühlt sich Graham sichtlich wohl und zufrieden. »In gewissem Sinn ist dies eine Autobiographie«, schreibt er in der Einleitung, und es ist wahr, daß nur ein schmaler Grenzstreifen die geheime Welt der Träume von der wirklichen trennt, in der er lebte. Und die Schranken sind gefallen. Hier kann er Klatschgeschichten über andere erzählen oder seiner Abenteuerlust und seiner Freude an der Absurdidät freien Lauf lassen. Der Traum war wie ein Urlaub von sich selbst. Einem Freund vertraute er an: »Wenn man sich an einen vollständigen Traum erinnern kann, fühlt man sich derart gut unterhalten, daß man die Illusion hat, in eine andere Welt versetzt zu sein. Man ist weit weg von den bewußten Interessen.«

Ich sagte einmal, es erstaune mich, wie klar und deutlich er sich an seine Träume erinnere, mit welch genauen Einzelheiten. Er erklärte, die Gewöhnung an ein genaues Sich-Erinnern ginge auf die Zeit zurück, in der er mit seinen Traumaufzeichnungen anfing – als er sich als Junge einer Psychoanalyse unterzog und dem Analytiker seine Träume mitteilen mußte (gelegentlich mit peinlichen Momenten – als er etwa einen erotischen Traum beichten mußte, der die schöne Ehefrau des Analytikers zum Gegenstand hatte). Als er später wieder mit einem Traumjournal begann, hatte er immer Papier und Bleistift neben dem Bett bereitliegen, so daß er beim Erwachen aus einem Traum – was vier- oder fünfmal in der Nacht geschah – ein paar Schlüsselwörter hinwerfen könnte, die es ihm am Morgen erlaubten, den Traum zu rekonstruieren. Dann übertrug er ihn in sein Traumjournal. Ich erinnere mich noch an das erste – ein großes Notizbuch in dunkelgrünem Leder, das ihm Freunde geschenkt hatten. Ein anderes war bordeauxrot.

Es ist bekannt, daß sich Graham immer sehr für Träume interessiert hat und daß er dem Unbewußten beim Schreiben eine wichtige Rolle zuwies. Er setzte sich gleich nach dem Frühstück an die Arbeit und schrieb, bis er fünfhundert Wörter zusammenhatte (was er in seiner letzten Zeit auf zweihundert reduzierte). Jeden Abend, ehe er zu Bett ging, las er den Teil des Romans oder der Erzählung, den er morgens geschrieben hatte, durch und überließ es dem Unbewußten, in der Nacht daran weiterzuarbeiten. Manche Träume halfen ihm, eine Blockierung zu überwinden; andere lieferten ihm gelegentlich Stoff für Kurzgeschichten oder sogar eine Idee für einen neuen Roman (wie im Falle von *Das Schlachtfeld des Lebens* und *Der Honorarkonsul*). Manchmal, so schrieb er, »geht die Identifikation mit einer Figur so weit, daß man ihren

Traum hat und nicht den eigenen« – wie es ihm während der Arbeit an *Ein ausgebrannter Fall* ging, wo er das von ihm Geträumte der Figur Querry zuschreiben und sich so aus der Sackgasse befreien konnte, in die die Handlung geraten war.

Das Verblüffendste an seinen Träumen war, daß sie ihn warnten. Ich erinnere mich, daß er eines Tages äußerst beunruhigt wirkte. Als ich nach dem Grund fragte, antwortete er: »Ich habe von einer Katastrophe geträumt. Ich hoffe, daß nicht jemandem aus meiner Familie oder einem engen Freund etwas zugestoßen ist.« Einige Stunden später hörten wir im Radio, daß ein Flugzeug zwischen Korsika und Nizza ins Meer gestürzt war, nur wenige Meilen von seiner Wohnung in Antibes entfernt, wobei, soviel ich weiß, alle an Bord umkamen. Einer der Passagiere war General Cogny, den Graham aus seiner Zeit in Vietnam gut kannte.

Es gibt viele Beispiele dieser Art. Visionen von Panik und Qual. Visionen von Glück – die Eindrücke, die derartige Träume hinterließen, waren so nachhaltig, so klar in allen Einzelheiten, daß sie ihn manchmal noch Stunden nach dem Erwachen verfolgten und seine Stimmung beeinflußten.

Heute, da ich mich mit meinen Erinnerungen beschäftige, muß ich an einen Traum denken, den er immer wieder hatte und der nun im nachhinein wie eine Art Rätsel eine persönliche Botschaft zu bergen scheint. In *Eine Art Leben* erwähnt er einen Traum, der nach dem Tod seines Vaters 1943 immer wiederkehrte, und schreibt: »Mein Vater war da stets in einem Krankenhaus eingeschlossen, getrennt von seiner Frau und seinen Kindern – aber manchmal kam er zu Besuch nach Hause, ein stummer, einsamer Mann, nicht wirklich geheilt, der wieder ins Exil zurück mußte. Die Träume stehen mir noch heute lebhaft vor Augen, so daß ich mir zuweilen bewußt ins Gedächtnis zurückrufen muß, daß es kein Krankenhaus gab, keine Trennung, und daß er bis zum Tod mit meiner Mutter zusammenwohnte.« Dieses schmerzliche Gefühl, wenn sein Vater immer wieder ins Krankenhaus zurückmußte, ist vielleicht nur ein Zufall, aber man ist versucht, in den Träumen eine Vorahnung dessen zu sehen, was er dann fast ein halbes Jahrhundert später gegen Ende seines Lebens selbst erleiden mußte.

In diesem letzten Buch läßt er uns einen flüchtigen Blick auf dieses rastlose innere Leben werfen, die heimliche, unfaßbare Quelle seiner Kreativität hinter jener Tür, die er stets so streng verschlossen hielt, damit kein Eindringling das »Muster im Teppich« zerstören konnte. Wie zum Abschied öffnet Graham Greene uns eine Tür zu seiner eigenen Welt.

Graham, in *Die Kraft und die Herrlichkeit* hast du geschrieben: »Die glitzernden Welten hingen wie ein Versprechen im All – unsere Welt war nicht das Universum. Irgendwo war Christus vielleicht nicht gestorben.« Wenn ein solcher Ort existiert, hast du ihn gewiß gefunden.

Yvonne Cloetta
Vevey, Oktober 1991

Inhalt

Die Wachenden haben eine gemeinsame Welt; doch im Schlaf wendet sich jeder von dieser ab an seine eigene.

Heraklit

Einleitung

Zuweilen kann es tröstlich sein, zu wissen, daß es eine Welt gibt, die einem ganz allein gehört – was man in dieser Welt erlebt, die Reisen, Gefahren und die Glücksgefühle teilt man mit keinem. Es gibt keine Zeugen. Keine Verleumdungsklagen. Die Personen, denen ich dort begegne, haben keine Erinnerung an unsere Treffen – kein Journalist, kein Möchtegern-Biograph kann meinen Bericht mit dem eines anderen vergleichen. Man wird mich wohl kaum wegen irgendwelcher Agentengeschichten, in die ich dort verwickelt war, verfolgen, mir Geheimnisverrat vorwerfen. Ich *habe* mich bei einem Abendessen mit Chruschtschow unterhalten. Ich *bin* vom Secret Service losgeschickt worden, um Goebbels zu ermorden. Ich lüge nicht – und von all den Zeugen, die mit mir bei diesen Szenen zugegen waren, kann kein einziger aufgrund persönlicher Kenntnis behaupten, das sei nicht wahr.

Ich habe beschlossen, aus einem mehr als achthundert Seiten umfassenden Tagebuch, das 1965 begonnen wurde und 1989 endet, eine Auswahl von Szenen Meiner Eigenen Welt zu treffen. In gewissem Sinn ist dies eine Autobiographie, die mit einem Glückserlebnis beginnt und mit dem Tod endet, die Autobiographie eines ziemlich bizarren Lebens im letzten Drittel des Jahrhunderts (die Kriege, die hier beschrieben werden, gehören in die sechziger, nicht in die vierziger Jahre) – doch kein Biograph wird sich dieses Material zunutze machen wollen, auch wenn ich gelegentlich ein Datum angebe, um zu meiner eigenen Genugtuung Tag und Jahr eines außergewöhnlichen Ereignisses oder einer ungewöhnlichen Begegnung festzuhalten.

So wollte ich zunächst meine unerwartete Begegnung mit Henry James, die sich im Frühjahr 1988 auf einem Flußdampfer in Bolivien ereignete, an den Anfang stellen. Doch den Plan, mit dieser eigenartigen Episode zu beginnen, verwarf ich, als ich im Januar 1989 zum erstenmal in den mehr als zwanzig Jahren meiner Aufzeichnungen über diese private Welt die Erfahrung von Glück machte. Große Namen sind in Meiner Eigenen Welt nichts Ungewöhnliches, doch wirklich sinnloses und unerklärliches Glück – dies ist das einzige Erlebnis dieser Art, das ich festgehalten habe.

Es ist oft behauptet worden, Opium helfe, die verschlossenen Türen zu jener Welt zu öffnen, doch dafür habe ich keinen Beweis. In den fünfziger Jahren, als ich in Vietnam und Malaya Opium rauchte, führte ich eifrig Tagebuch über die Gewalttaten in der Gemeinsamen Welt, doch aus Meiner Eigenen Welt blieb mir nur ein bemerkenswertes Ereignis im Gedächtnis, bemerkenswert deshalb, weil es zeitlich so weit zurückgeht – tatsächlich bis ins Jahr 1.

Ich lebte damals nicht weit von Bethlehem, und ich beschloß, in diese kleine Stadt zu gehen und dort ein mir bekanntes Bordell aufzusuchen; ich nahm eine Goldmünze mit, um das Mädchen zu bezahlen, für das ich mich entscheiden würde. Am Stadtrand bot sich mir ein seltsamer Anblick: Eine Gruppe von Männern in orientalischen Gewändern reichte Geschenke dar und verneigte sich. Vor wem? Vor einer kahlen Mauer. Es war niemand da, um ihre Gaben in Empfang zu nehmen oder ihren Gruß zu erwidern. Ich stand eine ganze Weile da und betrachtete die seltsame Szene, und dann trieb mich etwas – ich weiß nicht, was – dazu, meine Goldmünze gegen die Mauer zu werfen und mich abzuwenden.

Zeit in der Eigenen Welt kann sehr langsam vergehen oder sehr rasch. Diesmal zogen die Jahrhunderte blitzschnell an mir vorüber, und ich fand mich auf meinem Bett wieder und las im Neuen Testament, wie Könige aus dem Morgenland zu einem Stall in Bethlehem kamen, und mir wurde klar, daß ich genau das gesehen hatte. Mein erster Gedanke war: »Ich bin also nach Bethlehem gegangen, um diese Goldmünze einer Frau zu geben, und das habe ich offenbar auch getan, obwohl ich bloß eine kahle Mauer gesehen habe.«

Die Eigene Welt besitzt eine Vorstellungskraft, die sich ganz deutlich von der der Gemeinsamen Welt unterscheidet. Robert Louis Stevenson sagte in einem Interview über den *Seltsamen Fall des Dr. Jekyll und*

Mr. Hyde: »Einmal brauchte ich äußerst dringend Geld und hatte das Gefühl, ich müßte jetzt unbedingt etwas unternehmen. Ich grübelte und grübelte und versuchte angestrengt, ein Thema zu finden, über das ich schreiben könnte. In der Nacht träumte ich die Geschichte, sie fiel mir praktisch als Geschenk zu, und was noch seltsamer ist: Ich hatte regelrecht die Angewohnheit, Geschichten zu träumen. So habe ich vor kurzem *Olalla* geträumt, und im Augenblick habe ich noch zwei ungeschriebene Geschichten, die auch geträumt sind.«

Olalla ist eine zu Unrecht von den Lesern vernachlässigte Geschichte Stevensons, die eine Art untergründige Ähnlichkeit mit der von *Dr. Jekyll* hat. Die Geschichte spielt ganz eindeutig in Stevensons Eigener Welt, nicht in Spanien, wo er sie angesiedelt hat, so wie wir uns auch in Dr. Jekylls London durch die Straßen von Edinburgh oder die Straßen einer Stadt in Stevensons ganz persönlicher Welt zu bewegen scheinen.

Das Seltsame ist, daß der Autor sich, befindet er sich in der Gemeinsamen Welt, in Seiner Eigenen wie ein Fremder vorkommt; Stevenson fühlte sich in seiner eigenen Geschichte verloren. In einem Brief schrieb er: »Das Dumme mit *Olalla* ist, daß das Ganze irgendwie falsch klingt... Das eigenartige Problem ist: Was macht eine Geschichte wahr? *Markheim* ist wahr, *Olalla* nicht, und ich weiß nicht, warum.« Im Fall von *Dr. Jekyll* ging er sogar so weit, den ersten Entwurf des Textes ins Feuer zu werfen.

Einige meiner Kurzgeschichten beruhen auf Erinnerungen an Meine Eigene Welt. In *Dream of a Strange Land* habe ich meine Erfahrung in jener Welt niedergeschrieben, als ich als Leprakranker in Schweden Heilung suchte. Nur das Geräusch des Schusses, mit dem die gedruckte Geschichte endet, ist hinzugefügt. In einer anderen Geschichte, *The Root of All Evil,* die tief im neunzehnten Jahrhundert in Deutschland spielt, habe ich gar nichts geändert, als ich – mit amüsiertem Lächeln – aus Meiner Eigenen Welt zur Gemeinsamen Welt erwacht bin.

Das, was wir Träume nennen, hat noch eine andere Seite, die J. W. Dunne in seinem sehr interessanten Buch *Experiment With Time* untersucht hat. Diese Träume enthalten Fetzen der Vergangenheit, aber auch der Zukunft. Ich habe an anderer Stelle schon festgehalten, wie ich mit sieben Jahren, in der Nacht als die *Titantic* sank, von einem Schiffbruch geträumt habe; und neun Jahre später wurde ich Zeuge einer weiteren Schiffskatastrophe in der Irischen See. Wenn ich die lange Reihe meiner Traumaufzeichnungen durchsehe, fallen mir immer wieder Ereignisse der Gemeinsamen Welt ein, die sich ein paar Tage nach meinem Traum zugetragen haben. Sie sind zu trivial, als daß ich sie in dieses Buch aufnehmen wollte, aber ich bin überzeugt, daß Dunne recht hat.

Die völlig unerwartete Begegnung mit Henry James in Meiner Eigenen Welt war so seltsam, daß sie wenigstens im zweiten Kapitel, dem ich die Überschrift »Berühmte Schriftsteller, die ich kannte« gegeben habe, an erster Stelle stehen sollte. Im Gegensatz zu einem Biographen halte ich es für unnötig, sklavisch dem Lauf der Jahre zu folgen, und meine frühere Begegnung mit Papst Johannes Paul II. in einem Hotelzimmer scheint unwichtig, verglichen mit dem späteren Zusammentreffen mit Henry James. (Ich bin sicher, weder dem Papst noch mir selbst hätte es gut getan, wenn ich ihn geweckt hätte. Wir sind nicht dafür geschaffen, einander sympathisch zu sein.)

Daß die erotische Seite des Lebens in diesen Aufzeichnungen fehlt, ist vielleicht merkwürdig, aber ich möchte diejenigen, die ich in Meiner Eigenen Welt geliebt habe, nicht der Öffentlichkeit preisgeben – wenn ich auch die Biographen und Journalisten nicht zensieren kann, die über sie in der Gemeinsamen Welt berichten. Auch Alpträume fehlen. Kriege und Gefahren gibt es, doch nichts, was so schlimm ist wie die Hexe aus meiner Kindheit, die einen Korridor auf dem Weg zum Kinderzimmer beherrschte, bis ich mich endlich umdrehte und sie ansah – daraufhin verschwand sie für immer. Ich habe in Meiner Eigenen Welt in Haiti und Vietnam oft genug Angst verspürt, doch nie Entsetzen, nie den Alptraum. Vielleicht war meine Angst auch stets mit einem Funken Abenteuer und einem gewissen Vergnügen gemischt – in der Gemeinsamen wie in Meiner Eigenen Welt.

I.

Glück

Es war im Jahr 1965. Ich hatte beschlossen, bei einer bevorstehenden Nachwahl für die Liberale Partei ein wenig auf Stimmenfang zu gehen, und mir dazu eine Provinzstadt namens Horden ausgesucht. Offenbar gab es keine Verbindung vom eigentlichen Bahnhofsgebäude der Victoria Station aus – man mußte eine Nebenlinie nehmen, die sogenannte Horden-Strecke, die über einen besonderen Eingang zu erreichen war. Ich hatte gehört, dies sei eine sehr alte und sehr interessante Bahnlinie, und so war es auch.

Der erste Zug, der abfuhr, bestand aus hübschen Waggons, die über hundert Jahre alt sein mußten, doch er ging nicht nach Horden. Der zweite Zug fuhr dorthin, war aber sehr überfüllt. Ich war ungeheuer beeindruckt von der Freundlichkeit und Heiterkeit der Reisenden, die mich in einem gedrängt vollen Abteil begrüßten und mir Platz machten. Sie waren alle seltsam gekleidet – nach der viktorianischen oder edwardianischen Mode –, und die Bahnhöfe, an denen wir vorüberkamen, faszinierten mich. Auf einem breiten

Bahnsteig spielten Kinder mit dunkelroten Luftballons; ein anderer Bahnhof hatte die Architektur eines verfallenen griechischen Tempels; an einem Punkt wurde die Bahnstrecke ganz schmal, und der Zug fuhr durch eine Art Tunnel aus Matratzen.

Ich hatte noch nie im Leben ein solches Glücksgefühl verspürt. In den schönen altmodischen Häusern, an denen wir vorbeifuhren, gingen die Lichter an, und ich sehnte mich danach, mit der Frau, die ich liebte, zu genau dieser Abendstunde hierher zurückzukommen.

Der Zug hielt vor einem kleinen Antiquitätengeschäft, und ich hörte einen Reisenden sagen: »Sehen Sie, all die Männer da trinken oder spielen Karten.«

Zwei junge Mitreisende (ein Paar: die Frau hübsch, doch ganz unerotisch, ihr Mann einfach und gut aussehend, mit lockigem Haar und einem offenen Gesicht) waren fast sofort wie alte Freunde für mich. Ich sagte: »Ich wohne jetzt seit fünfzig Jahren in London und habe noch nie von der Horden-Strecke gehört. Ich könnte die Fahrt jeden Tag machen, und es würde mir nie zuviel.«

Die junge Frau sagte: »Nur eins – wenn Sie übernachten, dann lassen Sie sich nicht in einem Gasthof unterbringen.«

»Gibt es keine Hotels?«

»Die sind genauso schlecht.«

Ich hatte beschlossen, meine Wahlwerbung seinzulassen. Ich sehnte mich nur noch danach, Horden zu sehen. Eigentlich hatte ich zum Abendessen wieder in London sein wollen, aber trotzdem erkundigte ich mich bei der Ankunft nach einem Spätzug. Ich war ein wenig besorgt, daß er vielleicht schon gefahren wäre und daß ich in einem unangenehmen Gasthof wohnen müßte. Doch alles war in Ordnung, es gab einen Spätzug um 22 Uhr 25.

Die Frau nahm meine Hand und sagte, sie würde mir die Stadt zeigen. Ich sagte: »Zuerst werden Sie beide jetzt einen mit mir trinken.« Ich konnte sehen, daß die Kneipen voller lachender Leute waren. »Sie sind doch keine Abstinenzler?« fragte ich.

»Nein«, sagte die Frau.

»Dann suchen Sie das schönste Lokal aus.«

Die ganze Zeit über blieb mir diese Empfindung eines unerklärlichen Glücksgefühls. Könnte ich doch nur eines Tages zurückkehren in die kleine Stadt Horden, die in Meiner Eigenen Welt existiert, aber nicht in der Welt, die ich mit anderen teile!

II.

Berühmte Schriftsteller, die ich kannte

Ein eigenartiger Zug Meiner Eigenen Welt ist, daß es in ihr keine lebenden Autoren gibt. Es scheint, daß ein Schriftsteller, den zu kennen ich das Vergnügen habe, sterben muß, ehe er in meine geheime Welt gelangt.

Henry James

Am 28. April 1988 machte ich in Gesellschaft von Henry James eine höchst unangenehme Flußfahrt nach Bogotá. Das Schiff legte nach Mitternacht ab, und wir mußten uns in vollkommener Dunkelheit mit unserem Handgepäck den Kai entlangtasten. Ich wäre umgekehrt, wenn nicht die Entschlossenheit des großen Romanciers gewesen wäre – und meine Bewunderung für sein Werk.

Was alles noch schlimmer machte, war die laute Stimme eines Beamten – unsichtbar im Dunkeln –, die unaufhörlich Drohungen ausstieß. »Jeder, der versucht, ohne Ticket an Bord zu gehen, muß tausend Dollar Strafe zahlen!« In der Menge, die sich auf das Schiff drängte, war es unmöglich, die Tickets auch nur vorzuzeigen.

Es gab keine Sitzplätze. Es gelang uns gerade noch, uns in einen (vorwiegend von Frauen) dichtgedrängt besetzten Korridor zu zwängen, aber Henry James beklagte sich mit keinem Wort. An einer bestimmten Stelle des Flußlaufs hielt das Schiff ein paar Minuten an, und einige Passagiere gingen von Bord. Gewiß – redete ich James zu – konnten auch wir diese Gelegenheit nutzen und entkommen, aber nein: James wollte nichts davon wissen. Wir mußten bis zum bitteren Ende weiterreisen. »Aus wissenschaftlichen Gründen«, erklärte er mir.

Robert Graves

Eines Nachts hatte ich am Straßenrand eine glückliche Begegnung mit Robert Graves: Er wirkte so jung wie damals, als ich ihn in der Gemeinsamen Welt gekannt hatte, wo er im Jahr 1923 bei Oxford wohnte. Er freute sich, mich wiederzusehen, und erinnerte sich an ein zufälliges Zusammentreffen an der italienischen Grenze, das ich vergessen hatte. Ich sagte ihm, daß ich schon immer – auch in den zwanziger Jahren – seine Lyrik sehr bewundert habe und daß ich eine Ausgabe seines ersten Gedichtbandes *Over the Brazier* als Kostbarkeit bewahre.

»Erinnern Sie sich«, fragte ich ihn, »an meinen eigenen entsetzlichen Lyrikband *Babbling April,* über den Sie – was ein Gedicht angeht – so freundliche Worte gefunden haben?« Ich fügte, um ihn ein wenig aufzuziehen, hinzu: »Jetzt erzielt er bei Auktionen sogar einen höheren Preis als Ihr eigenes erstes Buch.«

Jean Cocteau

Im November 1983 traf ich Jean Cocteau auf einer Party und war angenehm überrascht. Wie ich ihm ganz offen sagte, hatte ich eigentlich erwartet, seine Augen seien kalt, doch sie waren voll Verständnis, sogar Zuneigung. Sein Freund tauchte etwas später auf, sturzbetrunken.

Ford Madox Ford

Im Gespräch mit Ford Madox Ford wollte ich meine Bewunderung für eines seiner Bücher ausdrücken, das vom spanischen Bürgerkrieg handelte. Er sagte, so ein Buch habe er nie geschrieben. Ich versuchte vergeblich, mich an den Titel zu erinnern, und ging zu meinem Regal, um dort irgendein anderes Buch von ihm zu holen, in dem vielleicht seine übrigen Werke aufgeführt wären. Ich fand nur zwei Bände der Bodley-Head-Ausgabe – einer davon eine Sammlung von Essays, die mir ganz unbekannt war. Die anderen Veröffentlichungen wurden nirgends aufgelistet. Plötzlich (schon mehrmals war mir beinahe *Wem die Stunde*... herausgerutscht..., ich hatte mich aber immer noch zurückhalten können) fiel mir der Titel ein: *Nicht alle machen mit*.

Wir brachen dann zusammen zu einem sehr hübschen Spaziergang auf. Er erzählte mir von einer Legende: Die Jungfrau Maria habe auf einem Hügel gestanden, sich herabgeneigt und aus dem Fluß, an dem wir entlanggingen, einen Ertrinkenden gezogen, der sieben Meilen von ihr entfernt war.

»Aber das Land ist doch ganz eben«, sagte ich.

»Nicht wenn Sie genauer hinschauen. Es fällt an der alten Mühle dort zur Schleuse hin ab.« Die Leute hatten mir von der Schleusenwärterin erzählt – einer wundervollen Köchin, die sich sehr für Heimatgeschichte interessierte und dieses Interesse ihren Söhnen zu vermitteln suchte.

Wir begannen, eine Wiese zu überqueren – ich für meinen Teil mit einer gewissen Nervosität, denn dort hielten sich ein großer Stier und ein Jungbulle auf, die an unseren Bewegungen allzu interessiert schienen. Ich schlich mich vorsichtig auf die Straße zurück, und als ich mich umblickte, sah ich, daß der junge Bulle Fords Schultern bestiegen hatte. Ihn schien das nicht zu stören.

Ich ging weiter zur Schleuse, um dort auf ihn zu warten. Es roch köstlich nach Essen, und die Frau unterhielt sich mit einer Nachbarin. Die Schleuse lag genau am Eingang zu einer kleinen Stadt. Ford trat zu mir. Die Frau sagte, sie könne Suppe und Fisch empfehlen. Wir sagten, wir würden in die Stadt gehen und eine Flasche Wein kaufen. Sie bot uns an, ihren Sohn zu schicken, der eine Art Kittel trug wie die Bauern früher, aber wir bestanden darauf, selbst zu gehen. Als wir aufbrachen, sagte Ford zu mir: »Ist Ihnen aufgefallen, daß Männer ungern etwas anziehen, was über die Knie reicht?«

T. S. Eliot

Eines Tages arbeitete ich an einem Gedicht, das ich bei einem Wettbewerb einreichen wollte, und hatte eine Zeile geschrieben: »Schönheit macht Verbrechen edel«, als mich eine Kritik unterbrach, die T. S. Eliot von hinten einwarf: »Was soll das heißen? Wie kann Verbrechen edel sein?« Er hatte sich, wie mir auffiel, einen Schnurrbart stehenlassen.

W. H. Auden und Evelyn Waugh

Ziemlich seltsame Umstände führten die beiden Schriftsteller zusammen. Ich hatte zu einer Einheit gehört, der es gelungen war, eine Bande von Guerillas zu besiegen, aber der Anführer der Bande, Wystan Auden, war entkommen. Er war irgendwo in dem ausgedehnten Dickicht verborgen, das wir sorgfältig durchsuchten.

Ich hatte mich mit einem Küchenmesser bewaffnet, denn er war der gefährlichste unserer Feinde. Plötzlich brach er aus seiner Deckung hervor und rannte in ein nahegelegenes Haus. Evelyn Waugh hatte ihn angeschossen, und er blutete aus mehreren Wunden.

Ich folgte ihm und stieß ihm mein Messer in die Seite, aber das schien ihm nichts auszumachen, und er fing eine literarische Diskussion an, von der ich merkwürdigerweise gar nichts behalten habe.

In der nächsten Nacht war ich auf einer Party, wieder mit Auden, und an dieses Gespräch erinnere ich mich. Ich erklärte, daß ich lieber in England lebe als in den USA, weil die englische Literatur viel reicher sei als die amerikanische. Neben Shakespeare seien alle anderen Schriftsteller Zwerge, und unter Zwergen könne es keine Eifersucht geben. Die amerikanische Literatur, die keinen solchen Riesen habe, ließe der Eifersucht Raum.

Auden erwiderte, er sei trotzdem zufrieden in Amerika. Obwohl er kein Wissenschaftler war, hatte er eine Stellung an der naturwissenschaftlichen Fakultät der Universität inne. In seinen Sessel zurückgelehnt, machte er den Eindruck müßigen Wohlbefindens.

Ich sagte: »Es wäre schön, wenn Sie ein kleines wissenschaftliches Gesetz entdecken würden, dann könnten wir von der ›Audenschen Konstante‹ sprechen!«

Unsere Gastgeberin ließ uns allein und sagte im Weggehen: »Holen Sie sich doch bitte selbst etwas zu trinken.« Wir waren uns beide einig: Je größer die Flasche Whisky, desto leichter fiel es, eine Einladung der Dame anzunehmen.

D. H. Lawrence

Es war der Herzog von Marlborough, der mich D. H. Lawrence vorstellte. Dieser war jünger und gepflegter, als ich erwartet hatte. Er äußerte sich recht freundlich über meine Bücher.

Sartre

Ich erinnere mich an eine Diskussion, die ich mit Sartre führte. Ich hatte mir mehrere Fragen aufgeschrieben, die ich an ihn richten wollte, und versuchte, mich sehr genau auszudrücken. Ich entschuldigte mich für mein schlechtes Französisch, das es mir unmöglich machte, meine Sätze so präzise zu formulieren, wie ich eigentlich wollte, und Sartre sagte mit großer Freundlichkeit: »Ihr Französisch ist sehr gut, aber«, fügte er hinzu, »ich verstehe kein Wort von dem, was Sie sagen.«

Dann wurde er sehr liebenswürdig und sprach über eines meiner Bücher, das Robert Laffont in Frankreich herausgebracht hatte – der Originaltitel lautete *Die Urfassung von »Am Abgrund des Lebens«*. Es war das Faksimile eines Manuskripts in kindlicher Schrift mit brauner Tinte – eine Geschichte, in der Tiere die Hauptfiguren waren –, und illustriert hatte es Beatrix Potter. Sartre bewunderte ihre Zeichnungen sehr, aber über meinen Text sagte er nichts.

Solschenizyn

Ich traf Solschenizyn eines Tages im Jahr 1976, zusammen mit einem anderen Mann, der von einer Zeitschrift sprach, die er herausgeben wollte, und ich schlug vor, er solle doch Solschenizyn zur Mitarbeit an den ersten sechs Nummern auffordern. Er lehnte das mit der sehr beleidigenden Bemerkung ab, er könne die kleinen Augen von Solschenizyn und seinen höchst heuchlerischen moralischen Ton nicht ausstehen.

Ein andermal gab ich eine Party für Solschenizyn (der eher als Maler denn als Romancier bekannt zu sein schien) in meiner Wohnung in Moskau, in der überall Bilder hingen, sogar in den Fluren. Er war immer noch nicht da, und ich hatte Zweifel, ob man ihm erlauben würde zu kommen. Die Tür hatte ich halb offenstehen lassen, um zu zeigen, daß wir keine Angst hatten. Ich fragte mich, ob er sich wohl fühlen würde, denn es standen so viele unaufhörlich zwitschernde Damen herum.

Ein untersetzter bärtiger Mann, in dem ich den typischen KGB-Agenten erkannte, stand nun vor der Tür, und ich befürchtete schon alle möglichen Schwierigkeiten, aber dann sah ich, daß Solschenizyn bei ihm war, sehr schäbig gekleidet. Der Bärtige hatte einige Kinder bei sich, und nachdem er den Maler abgeliefert hatte, drehte er sich um und ging die Treppe hinunter. Ich lief ihm nach, weil es mir diplomatisch klug schien, und fragte, ob er nicht eine Tasse Tee trinken wolle. Das lehnte er ab, aber wenn die Kinder ein paar Karamelbonbons haben könnten ... Ich holte welche aus einer Tüte heraus, die ich einige Tage zuvor für meine Enkel gekauft hatte. Plötzlich fing er an, sich für die Bilder zu interessieren. »Sie sind so wunderschön«, sagte er, und einen Augenblick lang dachte ich, er würde, überwältigt von Sehnsucht und sentimentaler Erinnerung, anfangen zu weinen. Ich führte ihn den Flur entlang und zeigte ihm noch mehr. Ich suchte nach einem großformatigen Bild von Solschenizyn, weil ich ihm zeigen wollte, was für ein großer Maler sein Gefangener war, doch es war auf rätselhafte Weise verschwunden – ich konnte nur ein kleines finden. Ich führte ihn absichtlich nicht in ein Zimmer, in dem nur Jugendstilkunst zu sehen war.

Edgar Wallace

Ich bin Edgar Wallace nur einmal begegnet, auf einer Party, und er sagte mir, seine australischen Romane seien ihm persönlich die liebsten, aber sie hätten keinen Erfolg, weil sie das englische Publikum empörten. Ich fragte ihn nach den Rechten für die gebundenen

Ausgaben seiner Bücher, und er meinte, sein Verlag, Collins, würde sie demnächst zur Versteigerung anbieten. Als wir die Gesellschaft verließen, fragte er scherzend, ob ich für das Gerücht verantwortlich sei, er hätte eine sexuelle Beziehung mit E. M. Forster gehabt. Das bestritt ich und sagte, ich hätte angenommen, die wahre Geschichte beträfe seine Beziehung zu Hamish Hamilton.

III.

Beim Geheimdienst

Meine Erfahrungen mit dem M.I.6. in Meiner Eigenen Welt waren wesentlich interessanter als die Schreibtischtätigkeit, die ich drei Jahre lang in der Gemeinsamen Welt dort ausübte. Seltsamerweise haben von den ungefähr zwölf Leuten, die ich damals kannte, nur ein oder zwei den Weg in jene Welt gefunden, von der ich jetzt berichte. Also wirft das Geheimhaltungsgesetz möglicherweise selbst dorthin seinen Schatten. Die vielleicht abenteuerlichste meiner Erfahrungen – eher im Stil der CIA als des M.I.6. – war ein ganz bestimmter Einsatz in Deutschland.

Ich erinnere mich, wie ich einen üppig eingerichteten Salon betrat, wo Goebbels in einem vergoldeten Sessel saß. Mehrere andere Leute befanden sich im Raum, und ich stand neben einem Kamin aus Marmor und wartete auf eine passende Gelegenheit, denn ich hatte eine Geheimwaffe bei mir, um Goebbels umzubringen – eine Zigarette, deren Rauch rasch tödlich wirkte, wenn man ihn inhalierte.

Ich versuchte, mich in die Nähe meines Opfers zu stellen, und hielt meine Zigarette so, daß der Rauch Goebbels erreichen mußte, doch dann wurde ich ungeduldig, steckte ihm rasch die Zigarette in die Nase und floh aus dem Zimmer. Ich hoffte, das Gift würde schnell wirken und es käme zu einer Verwirrung, die meine Verfolgung verzögern könnte.

Die Straße war leer, und ich wandte mich nach rechts – dann wurde mir klar, daß man mich von den Fenstern aus sehen könnte, und ich kehrte wieder um, wobei ich mich so eng an der Mauer hielt, daß ich unsichtbar blieb; dann bog ich nach links ab. Ich ging durch mehrere Nebenstraßen, doch ich mußte auf die Hauptstraße zurückkehren, weil meine Instruktionen lauteten, ich solle zum Nordbahnhof gehen und dort einen Zug nehmen. Es waren keine Soldaten oder Polizisten zu sehen, aber die konnten natürlich ein Stück weiter vorn auf mich warten.

Ich war versucht, in einen Park einzubiegen, wo sich lange leere Alleen dehnten, aber ich gehorchte meinen Befehlen, und fast sofort kam auch der Bahnhof in Sicht – ein kleiner Lokalbahnhof. Hier fand ich meine Kontaktperson, und ein Zug fuhr auch gerade ein. Ich kaufte zwei Tickets bis zur Endstation und begriff zu spät, daß ich einen schweren Fehler gemacht hatte: Die Endstation – so stellte sich nun heraus – war Wapping, und ein Ticket dorthin mußte verraten, daß ich ein ausländischer Agent war. Der Grenzbahnhof war die letzte

Station vor Wapping, und ich war mir sicher, daß man uns dort festnehmen würde. Wir müssen aber ungeschoren durchgekommen sein, oder ich wäre nicht am Leben, um meine Geschichte zu erzählen.

* * *

Irgendwie erfuhr ich von neuem Material über Kim Philby. Anscheinend hatte er Ernest Hemingway als Agenten angeworben, damit er über Flüchtlinge aus Hongkong berichtete. Hemingway war in Geldnot und verdiente auf diese Weise etwa fünf Pfund die Woche, die er dringend für seine Familie brauchte.

* * *

1980 traf ich den russischen Botschafter auf einer großen Party. Ich sprach ihn, kurz bevor ich aufbrach, an und fragte, ob es ihn interessiere, einen kritischen Aufsatz von mir über den M. I. 6. zu lesen. Er sagte ja. Ich fühlte mich nicht wie ein Verräter – es schien mir für beide Seiten von Vorteil, wenn er ihn lesen würde.

* * *

Einmal war ich auf dem Flughafen und wollte nach Dakar, aber es gab noch ein verwirrendes Hin und Her, ob ich denn jetzt dem M. I. 6.-Agenten dort ein Telegramm schicken müßte, das meine Ankunft am nächsten Morgen ankündigte. Von Dakar würde ich nach Freetown in Sierra Leone weiterreisen, wo Trevor Wilson, mit dem ich im letzten Weltkrieg und auch in Vietnam zu tun hatte, unser Agent war. Zufällig hatte ich am Telefon plötzlich ein anderes Gespräch in der Leitung und konnte mithören: Irgendein Beamter benötigte ein Foto von mir – anscheinend konnte die chinesische Presseagentur eines zur Verfügung stellen. »Darauf sehe ich dann ja wie ein Chinese aus« – mit diesem Gedanken versuchte ich, mich zu beruhigen.

* * *

In London arbeitete ich mit anderen zusammen in einem großen Raum, der meinem alten Redaktionsbüro bei der *Times* glich. Ich stellte Nachforschungen über einen Doppelagenten an, der offenbar mit einem deutschen Spion namens Serge in Verbindung stand. Man sagte mir, der Direktor des M. I. 6. sei ganz besonders an diesem Fall interessiert, und ich empfand einen gewissen Stolz dabei, ihn in Gegenwart meiner Kollegen direkt anzurufen.

Mein unmittelbarer Vorgesetzter, der große Ähnlichkeit mit George Anderson hatte – zu meiner Zeit, in den zwanziger Jahren, leitender Inlandsredakteur der *Times* –, sagte zu mir: »Ich bezweifle, daß er jetzt mit Ihnen sprechen wird. Er hat sich gerade sein Glas Portwein kommen lassen.« Und doch sprach der Chef mit mir und begann die Unterhaltung mit entrüsteten Ausrufen darüber, was für verleumderische Artikel in der Woche zuvor in zwei Zeitungen erschienen waren, dem

Spectator und dem *New Statesman.* »Die verklagen wir, wenn sie nicht alles genau beweisen können«, sagte ich, »und für diese Woche gleich auch noch.«

Der Chef kam dann herunter und suchte mich auf – ein adretter, liebenswürdiger kleiner Mann mit Monokel. Einer meiner Kollegen, der Colonel Maude sehr ähnlich war – zu meiner Zeit stellvertretender Chefredakteur der *Times* – schloß sich unserem Gespräch an. Ich erzählte, diese Woche habe im *New Statesman* gestanden, der ehemalige Chef der Abteilung habe streng geheime Unterlagen, adressiert an den Oberstaatssekretär im Außenministerium, auf seinem Schreibtisch herumliegenlassen, so daß jeder sie lesen konnte.

* * *

Im Juni 1965 war ich wieder für den Geheimdienst in Westafrika. Auf einem Bahnhof wurden meine Koffer von einem Afrikaner gestohlen, den ich für einen Gepäckträger gehalten hatte. Ich suchte den englischen Bahnhofsvorsteher in seinem Büro auf – ein typischer Kolonialbeamter. »Kann ich Sie sprechen?« fragte ich, und er antwortete grob: »Jetzt nicht.«

Ich wurde wütend und bestand darauf. Ich wußte, er mochte mich nicht, weil mein Status unter den Engländern in der Kolonie unklar war. Ein Afrikaner wurde mir vorgeführt, in ein langes weißes Gewand gekleidet, und ich sagte, er sei ganz bestimmt nicht der Dieb. Er war mit demselben Zug gefahren, und ich fragte ihn, ob er irgend etwas bemerkt habe. In diesem Moment sah ich aus dem Augenwinkel einen Mann mit dem gleichen gestreiften Hemd, wie es der Dieb getragen hatte.

»Das ist der Mann!« sagte ich, doch als er sich umdrehte, sah ich, daß es ein runzliger alter Weißer war.

* * *

Später in demselben Jahr arbeitete ich für den M. I. 6. in der Türkei und geriet dort in ernsthafte Schwierigkeiten. Ich hatte eine Gehaltserhöhung beantragt, und das führte zu einer langwierigen Untersuchung. Sie hatte diskret genug begonnen – man wollte wissen, wieviel Geld ich pro Jahr für Alkohol ausgab. Da ich immer zollfrei am Flughafen einkaufte, konnte ich nicht mehr als zweihundert Pfund belegen, und das, glaube ich, erregte Verdacht.

Ein neuer Mann, ein gewisser General Gates, kam in Uniform aus London an; er machte in dem Salon, in dem wir saßen, die Runde und stellte sich vor. Meine Geliebte saß bei mir und sah sehr hübsch aus; sie trug eine teure Pelzjacke. Ich sagte: »Es geht hier nicht um Geldverschwendung – ich könnte viel mehr Geld verdienen, wenn ich aus dem Dienst ausschiede und nach Hause ginge.«

Ich wurde offenbar verdächtigt, ein Verräter zu sein. Der General kam auf seinem Rundgang bei mir an und reichte mir kalt nur zwei Finger. Er sagte, er werde uns nun eine Liste derjenigen Leute in der Organisation vorlesen, die sich als unzuverlässig erwiesen hätten.

Um meine Ablehnung auszudrücken, ging ich davon, sah aber, daß meine Geliebte sitzen blieb und mit einem seiner Kollegen redete. Es schien mir merkwürdig, daß der General in ihrer Gegenwart sprechen wollte. Ich vermutete, daß er davon ausging, sie sei meine Ehefrau und man habe sie gründlich überprüft.

Eine Frau hielt mich an. »Wo gehen Sie hin?«

»Einkaufen.«

Ich sah, wie die Frau mißtrauisch das Gesicht meiner Geliebten betrachtete. Sie fragte sich wohl, ob ich mir bei meinem Gehalt wirklich so eine Geliebte leisten könnte. Sie sagte: »Wir haben eine Nachricht aus Ägypten. Die wollen Sie haben, weil Sie in Kairo so gut Bescheid wissen.«

»Das ist absurd«, sagte ich. »Ich weiß gar nichts über Kairo. Ich habe dort nur einmal zwischen zwei Flügen eine Pause gemacht.« Während ich sie ansah, gelangte ich zu der Überzeugung, daß der M. I. 6. plante, mich dort ermorden zu lassen.

Ich beschloß, in der Türkei um politisches Asyl zu bitten, und ging zur Einwanderungsbehörde. Dort lehnte man es ab, mir zu helfen, aber ich sagte, sie sollten es sich noch einmal gut überlegen, und zeigte ihnen Unterlagen, die bewiesen, daß der Leiter der Behörde Bestechungsgelder in Höhe von fünfhundert Pfund angenommen hatte.

Alles schien sich dann zu beruhigen, und man schickte mich als M. I. 6.-Mann in eine französische Stadt in den Tropen, wo ich einen unserer Leute treffen sollte. Ein hochrangiger Abgesandter unseres Dienstes, den ich M. nennen will, kam gerade wieder auf Inspektionsreise an. Ich beschrieb ihn meinem Kollegen ziemlich unfreundlich als leicht erkennbaren Geheimdiensttyp: »Eine Kreuzung aus gerissenem Geschäftsmann und Major.«

Wie gewöhnlich bestand ein großer Teil der Arbeit darin, den Eindruck zu erwecken, man arbeite, und M. war hinlänglich beeindruckt. Wir verbrachten die meiste Zeit im Hotel und jemand dort hob grüßend die Hand. Dies gab mir die Gelegenheit, zu M. zu sagen: »Der Mann ist in der Kolonialverwaltung. Ich kenne ihn aus Saigon.«

»War er einer unserer Agenten?«

»Ich glaube ja.«

Ich fuhr fort, er könne vielleicht nützlich sein, indem er uns Einzelheiten über die Bauvorhaben in der Stadt beschaffte.

»Bauen die Franzosen hier so viel?« fragte er, und ich schlug vor, daß wir abends zusammen eine Fahrt machen und uns das Europäerviertel ansehen sollten, das Jiwena hieß.

* * *

Bei einer anderen Gelegenheit packte ich meine Koffer, und L., ein Freund, der derselben geheimen Organisation angehörte wie ich, half mir dabei. Ich wies darauf hin, daß ich ganz leichte Kleidung mitnehmen müsse, weil ich bei dieser Mission von den USA aus beinahe sofort nach Samoa weiterreisen würde. »Du wirst noch Zeit für einen Einkaufsbummel haben«, sagte L. Ich war stolz, daß man mir den Auftrag anvertraut hatte, und aufgeregt. Im Terminal ging ich zum Ticketschalter und zeigte meinen Flugschein vor: »Philadelphia 8.« Ich glaubte, im Gesicht der Hosteß den Ausdruck von Mitleid zu erkennen. Zwei Männer traten zu mir und fragten, ob ich sie zum Flughafen mitnehmen könnte. Ich spürte Gefahr, hatte aber keinen Vorwand, ihre Bitte abzulehnen – und außerdem wollte ich mich der Herausforderung stellen. Sie verließen das Gebäude mit mir zusammen, einer links, einer rechts neben mir. An das, was dann folgte, erinnere ich mich nicht.

* * *

Im Januar 1980 besuchte mich Kim Philby heimlich in London. Er war anders, als ich ihn in Erinnerung hatte – er wirkte verschlagen, mit scharfen, spitzen Zügen, und ich war enttäuscht. Er brachte mir einen Aufsatz, den er für den *Spectator* geschrieben hatte, und den konnte ich aufrichtig loben. Er war mit einem englischen Schiff aus Havanna gekommen, und ich fragte ihn, ob er keine Angst gehabt hätte, an Bord verhaftet zu werden – aber er ließ, ohne deutlicher zu werden, durchblicken, er sei nun in Sicherheit. Trotzdem nahm er beim Aufbruch bereitwillig mein Angebot an, daß ich vor ihm hergehen wollte. Besonders ein Mann, den er aus einem Zimmer auf den Flur hatte treten sehen, war gefährlich.

* * *

Mit einem anderen Mann zusammen war ich als Spion in Deutschland; ich trug die Uniform eines deutschen Offiziers. Wir nahmen die ganze Sache sehr leicht, und um zu fliehen, bestiegen wir einen Zug, der über die Grenze in die Schweiz fahren sollte. Es beunruhigte uns auch nicht weiter, als eine schöne junge Frau unsere Papiere sehen wollte. Mein Begleiter, der einen höheren Rang hatte, sagte, unsere Papiere seien im Gepäck, und mit dieser Entschuldigung gab sie sich zufrieden – sie machte lediglich mit dem Bleistift ein Zeichen auf unsere Fahrkarten: die Zahl 75. An der Grenze gab es noch einmal einen kritischen Augenblick, als wir die Pässe zeigen mußten – und keine hatten. Der leitende Beamte bei der Paßkontrolle war ein wichtigtuerischer Bursche, mit dem wir es nicht so leicht hatten wie mit der jungen Frau; doch wie sich zeigte, stand seine recht häßliche Frau mittleren Alters auf unserer Seite, und in dieser Ehe hatte sie das Sagen. Sie erklärte ihm einfach, die Pässe seien schon kontrolliert worden.

* * *

Mein Bruder Raymond und ich arbeiteten in Hamburg als Spione gegen die Nazis. Wir waren zusammen im siebten Stock eines Hotels, als wir von einem der Angestellten eine Nachricht bekamen – die Polizei war im Hotel aufgetaucht, weil man den Verdacht hatte, dort gehe irgend etwas vor sich, doch er hatte ihnen die Hausdurchsuchung ausgeredet. Trotzdem schien es uns nun an der Zeit aufzubrechen. Doch ehe wir gehen konnten, traten zwei grobe, brutale Polizisten ein und verlangten unsere Papiere. Ich war mir nicht im klaren darüber, welche Tarnung Raymond gewählt hatte, also tat ich umständlich so, als suche ich nach den Ausweisen (denn unsere britischen Pässe hätten alles verraten, das wußte ich), und wartete, was er zu sagen hatte. Vielleicht war es Raymond, dem der rettende Schachzug einfiel – wir entrissen ihnen die Pistolen, schlugen sie nieder und sperrten die Bewußtlosen in einen Schrank. Dann gingen wir.

Unsere einzige Hoffnung war, mit einem Flugzeug zu entkommen, doch wenn wir eine gewöhnliche Linienmaschine nahmen, würde man unsere Papiere sehen wollen. Doch man konnte am Flughafen für einen gewissen Preis ein Privatflugzeug mieten, und Raymond wußte, mit wem man sich in Verbindung setzen mußte. So stürmten wir, damit man uns nicht entdeckte, an der offenen Tür eines Zimmers vorüber, in dem viele Männer – deutlich als Beamte zu erkennen – miteinander redeten. Im nächsten Raum saß eine kleine verkrümmte Gestalt mit einer schiefen gelähmten Hand – wie die meines Freundes John Hayward, der unlängst gestorben ist – und las. Wir nahmen leise in den Sesseln Platz, um den Eindruck zu erwecken, alles sei so normal wie im Raum nebenan. Raymond sprach von unserer Absicht, ein Flugzeug zu mieten, aber der Mann beachtete uns lange Zeit überhaupt nicht. Dann überstürzten sich plötzlich die Ereignisse. Er führte uns; wir rannten hinter ihm her an einem Flughafentor vorbei zu einem Hubschrauber. Einer seiner Leute warf den Propeller zu früh an und wurde gerügt. Ich kletterte zuerst hinein, Raymond folgte, dann kam unser Pilot mit der verkrümmten Hand. Wir stiegen senkrecht empor, und ich sah die Stadt unter uns hingebreitet liegen – wir waren in Sicherheit.

IV.

Staatsmänner und Politiker

Aus Gründen der Höflichkeit ziehe ich es vor, zwischen diesen beiden Kategorien nicht zu unterscheiden, denn Staatsmänner können auch Politiker sein. In der Gemeinsamen Welt bin ich einer Reihe führender Staatsmänner begegnet, und mit einer einzigen Ausnahme (Präsident Diem) mochte ich sie alle – Ho Tschi Minh, Daniel Ortega, Allende, Fidel Castro, Präsident Mitterrand und besonders Gorbatschow, doch nur wenige von ihnen erscheinen in Meiner Eigenen Welt.

Mr. Wilson

Als ich ihn das erstemal traf, im Jahr 1964, waren die Wilsons gerade mit dem Abendessen fertig, und der Premierminister ruhte sich behaglich auf einem Bett mit Messinggestell aus. Er sprach zu mir – dachte ich – in dem absurden Tonfall eines Wahlredners, und zwar über seine Absicht, alle Slums mit einem Schlag abzureißen. Ich versuchte, ihn in seiner Politikerpose ein wenig zu verunsichern.

»Wo wollen Sie all die Leute denn unterbringen, die dort wohnen?« fragte ich ihn. »Wenn wir in den Tropen wären, könnten Sie sie vielleicht in Zelte stecken, aber wir sind in England, und der Winter steht vor der Tür.«

»Ich werde sie zwischenzeitlich in öffentlichen Gebäuden einquartieren – in Rathäusern und dergleichen.«

»Glauben Sie, damit sind die zufrieden? Jetzt haben sie eine einzige Toilette für mehrere Familien. Nach Ihrem Plan wird es eine einzige Toilette für Hunderte von Leuten geben.«

An seine Antwort erinnere ich mich nicht.

General de Gaulle

Ich habe nur eine flüchtige Erinnerung an de Gaulle, der während des Zweiten Weltkriegs in der Gemeinsamen Welt eine Zeitlang in Berkhamstead gewohnt hat, meinem Geburtsort.

Ich schnitt gerade die Brotration auf und ging mit seinem Anteil zu ihm. »Kruste oder Weiches, *mon général*?« fragte ich, doch als ich das Brot anschaute, sah ich, wie wenig von dem einen wie von dem anderen nur noch da war. »Besser beides!« sagte ich zu ihm und gab ihm alles, was noch übrig war.

Chruschtschow

In der Gemeinsamen Welt habe ich immer eine gewisse Zuneigung für Chruschtschow empfunden, trotz des Einmarschs in Ungarn. Bei der Kuba-Krise hatte er, wie ich dachte, mit John F. Kennedy einen günstigen Handel abgeschlossen – keine Invasionsversuche mehr und dafür keine defensiven Atomwaffen auf Kuba, deren Reichweite ohnehin nicht über Miami hinausgegangen wäre. Es gefiel mir, wie er bei einer UN-Sitzung mit dem Schuh auf das Pult geschlagen hatte. Vielleicht war meine Zuneigung von den Begegnungen beeinflußt, die ich in Meiner Eigenen Welt in den Jahren 1964 und 1965 mit ihm hatte.

Meine erste Begegnung mit ihm fand im Savoy-Hotel statt. Eine Gruppe von Russen war dabei, unter ihnen der Schriftsteller Tschaikowskij, den ich in der Gemeinsamen Welt in Moskau kennengelernt hatte, als er Herausgeber der Zeitschrift *Ausländische Literatur* war. Chruschtschow wirkte heiter, gesund und entspannt, und als zwei von den Männern in seiner Begleitung anfingen, sich lauthals zu streiten, amüsierte ihn das nur. Wir unterhielten uns über Filmfinanzierung in England und den schlechten Einfluß der Verleiher. Ich sagte, das sei wenigstens ein Problem, unter dem Rußland nicht zu leiden habe, doch Chruschtschow erzählte mir, daß sich in Rußland die Filmproduktionen oft um ein halbes Jahr verzögerten, wenn das Budget überzogen sei und man auf die Genehmigung der Bürokratie warten müsse, um es zu erhöhen. Er war sehr freundlich und lud mich für den nächsten Tag zum Mittagessen ein.

Bei der nächsten Begegnung (denn an das Mittagessen erinnere ich mich überhaupt nicht) saß ich bei einem Diner neben ihm, und er sprach lange Zeit kein einziges Wort mit mir, bis er gegen Ende eine Bemerkung darüber machte, daß ich einen großen Teil meiner Portion Huhn nicht aufgegessen hatte. »Um so besser für das Küchenpersonal«, sagte ich. »Ein Marxist glaubt doch gewiß an Wohltätigkeit.«

»Nicht an vatikanische Wohltätigkeit«, antwortete er lächelnd.

Vielleicht dachte er an diese Unterhaltung, als wir uns wieder bei Tisch begegneten. Es war Freitag, und er warf einen Blick auf meinen Teller. Ich aß Rindfleisch. Er bemerkte lächelnd: »Fleisch am Freitag? Ich dachte, Sie seien Katholik.«

Bei unserer letzten Begegnung bearbeitete er persönlich Visaanträge für die Sowjetunion. Er sah, daß bei mir als Beruf »Schriftsteller« angegeben war, und gab der Hoffnung Ausdruck, ich würde über sein Land schreiben. Mir fiel auf, wie überaus klar und blau seine

Augen waren, und als ich wieder bei meinen Freunden stand, sagte ich zu ihnen: »Wenn man ihn aus der Nähe sieht, hat er ein wunderschönes Gesicht, das Gesicht eines Heiligen.«

Meine Meinung über ihn wurde, wie ich feststellte, in Moskau nicht unbedingt geteilt. Eines Tages stand ich in einer Menschenmenge vor dem Kreml. Man hatte eine Tribüne errichtet, und die Menge wartete darauf, daß die politische Führung erschien. Von einer anderen Tribüne herab begann ein junger Mann, auf die Leute einzureden. Er machte sich über Chruschtschow lustig und erzählte pantomimisch eine Anekdote von einer internationalen Konferenz, auf der Chruschtschow Rubelnoten aus der Tasche gezogen und in die Luft geworfen hatte, um ihre Wertlosigkeit zu demonstrieren.

Es ist seltsam, daß Meine Eigene Welt manchmal von der Welt beeinflußt zu sein scheint, die wir gemeinsam haben. J.W. Dunne hätte es in seinem *Experiment with Time* vielleicht so erklärt, daß ich, als ich Chruschtschows Gesicht als das eines Heiligen (also eines Toten) beschrieb, eine Vorahnung seines Sturzes hatte, von dem ich während des Wahlabends vom 15. Oktober 1964 in den Nachrichten hörte – im Savoy, wo wir in Meiner Eigenen Welt neun Tage zuvor zusammen gegessen hatten.

Omar Torrijos

Bei einem Besuch in Panama traf ich Omar Torrijos, mit dem ich mittlerweile gut befreundet war, zu meiner Überraschung nicht an, obwohl er sich mit mir verabredet hatte. Als er endlich kam, fand ich ihn sehr verändert. Ich hatte meine Tochter als Dolmetscherin mitgebracht, aber er hatte inzwischen ein wenig Englisch gelernt. Es war auch ein sehr langweiliger englischer Offizier anwesend, General Denniston. Andere kamen hinzu – einige Amerikaner, darunter ein komischer Militär in unordentlicher Uniform, der mir ein zerknittertes Exemplar seiner als Buch veröffentlichten Memoiren lieh; ich war entschlossen, sie nicht zu lesen. In Wirklichkeit war ich da, um Omar vor einer amerikanischen Intrige zu warnen. Die Amerikaner wollten Unruhen schüren, um ihn schließlich zu zwingen, Panama zu verlassen. Panama würde dann wie eine Karibikinsel als Militärbasis zur Blockade Lateinamerikas dienen. Es gelang mir nicht, Omar die Intrige begreiflich zu machen.

Sir Alec Douglas-Home

Im November des Jahres 1965 verbrachte ich ein – ich kann nur sagen: unerfreuliches – Wochenende bei Sir Alec Douglas-Home, wie er damals noch hieß, in seinem Haus in Oxford. Mich irritierten seine glatte Art, seine Diplomatenmanieren, sogar sein seidener Pyjama (obwohl dieser von meinem eigenen kaum zu unterscheiden war) und sein Seidenhemd mit der hellblauen Stickerei »Marquess of Home«, übrigens ein eigenartiger Fehler. Ich hatte von einem indischen Freund mehrere Nachrichten über radikale Unruhen in Allahabad erhalten, die ich ihm zeigte. Alec riet mir mit Nachdruck davon ab, nach Indien zu gehen, weil »bei dem Land da überhaupt nichts zu machen ist«.

In der zweiten Nacht, die ich in seinem Haus verbrachte, kam ich gegen vier Uhr früh vom Tanzen zurück – für mich etwas sehr Außergewöhnliches. Auf einer kleinen Party hatte eine alte Freundin versucht, mir Walzer beizubringen und anschließend (mit geringerem Erfolg) Tango. Als ich in Homes Haus zurückkehrte, sah ich Licht in seinem Zimmer, und der Diener fegte den Fußboden. Der Kronleuchter war heruntergefallen und zersprungen.

»Was für ein Glück, daß er Ihnen nicht auf den Kopf gefallen ist«, bemerkte ich.

»Das versteht sich ja wohl von selbst«, erwiderte Sir Alec mit einer gewissen kalten Befriedigung.

Ich suchte nun meinen Pyjama aus der frischen Wäsche heraus, die der Diener zum Trocknen aufgehängt hatte, und dabei (ich weiß wirklich nicht, wie) brachte ich es fertig, die Hosenbeine von Sir Alecs eigenem Pyjama mit Klebeband ineinander zu verknoten.

Deshalb vielleicht verließ ich das Haus und machte mich auf den Weg zum Trinity College. An der Ecke der

Broad Street regnete es in Sturzbächen. Ich mußte mich verlaufen haben, denn plötzlich befand ich mich in einer Art Bombentrichter, ganz von Wasser umgeben. Ein paar Fuß entfernt schien ein Stück Erdreich herauszuragen, doch als Ralph Richardson, der zufällig in der Nähe war, sich anbot, die Tragfähigkeit dieses Bodens zu prüfen, verschwand er im Wasser. Ich konnte seinen Kopf ein paar Zoll unter der Wasseroberfläche sehen. Er tauchte wieder auf und klagte, daß es sehr kalt sei. Doch gelang es mir immerhin, mit einem Sprung das trockene Land zu erreichen.

Ich ging ein Stück weiter, und Sir Alec gesellte sich zu mir. Er mußte mich gehört haben, als ich wegging, aber sehr bald befanden wir uns beide wieder in einem Loch. Die Situation war so eigenartig, daß ich anfing, mir Notizen darüber zu machen, aber das einzige Papier, das zur Verfügung stand, waren weiße Kärtchen, einen Quadratzoll groß, die Sir Alec bei sich hatte. Sie schienen kaum zum Schreiben geeignet, aber offensichtlich war ihr Gebrauch im Auswärtigen Amt üblich – vielleicht ein von Lord Halifax eingeführter Brauch, denn ich fand seinen Namen auf einem der Kärtchen, in Prägedruck.

Alles in allem ein Wochenende, wie ich es lieber nicht noch einmal erleben möchte.

Edward Heath

Einmal verbrachte ich einen angenehmen Abend mit einem anderen Premierminister: Edward Heath. Heath stellte mir Fragen über Chile, und ich beschrieb ihm Salvador Allende und den guten Eindruck, den die Kommunisten in seiner Regierung auf mich gemacht hatten.

Ich lieh Heath das Typoskript eines neuen Romans, den ich geschrieben hatte, und er las ihn mit Unterbrechungen während des Abends durch.

Wir gingen in ein Pub, und ein alter Mann sprach Heath wegen seines Sohnes an, der beim Militär war – wie sehr er sich wünschte, dieser könne zu einer Familienfeier zu Hause sein. Heath stellte sich – einigermaßen antiquiert, wie ich dachte – vor: »Ich bin der Ehrenwerte Herr Edward Heath.« Er fragte nach der Kennziffer des Sohnes beim Militär, aber die fiel dem alten Mann nicht ein. Heath sagte ihm, er solle am nächsten Tag seinen Sekretär anrufen, dann würde alles geregelt. Zu meiner Überraschung machte Heath einen sehr sympathischen Eindruck auf mich.

Heath hatte anscheinend schon länger nach einem Botschafter für Schottland gesucht, aber niemand wollte den Posten haben. Er fragte sogar mich, und ich lehnte ab. Als ich aber in der Zeitung las, daß niemand sonst dieses Amt übernehmen wollte, ging ich zu ihm und sagte, ich sei nun doch bereit, die Stellung anzutreten.

Er wirkte erschöpft und schien mir gegenüber etwas mißtrauisch, so daß ich ihm erklärte, der einzige Grund für meine Ablehnung sei gewesen, daß ich mich ungeeignet fühlte. Aber ich würde mein Bestes tun. Vielleicht als ein Zeichen der Freundschaft gingen wir zusammen in einem schlammigen Fluß schwimmen, und um zu zeigen, daß ich mich eifrig mit meinen Pflichten auseinandersetzte, schlug ich vor, wir sollten in Schottland eine Textil-Weltausstellung abhalten. Er erwiderte, David Selznick habe ihm einmal erklärt, solche Ausstellungen würden sich vielleicht langfristig positiv auswirken, die letzte aber habe viele kleine Betriebe in der Region ruiniert.

Jurij Andropow

Es muß etwa sieben Jahre nach meiner Begegnung mit Chruschtschow gewesen sein, als ich Jurij Andropow traf, der damals den KGB leitete. Er hatte sich von seiner Krankheit erholt und war auf dem Weg zu einer Abrüstungskonferenz in Stockholm nach London gekommen. Er erwies mir die Ehre, sich meiner als Sekretär zu bedienen, und ich machte bei den Gesprächen Notizen. Ich mochte ihn. Er war ein ungewöhnlich hochgewachsener Mann, und irgend etwas stimmte mit seiner rechten Hand nicht, die oft auf etwas trostlose Weise schlaff herabbaumelte. Ich erinnere mich, daß er mir von seiner großen Bewunderung für die Lyrik von A. E. Housman erzählte.

François Mitterrand

Im Dezember 1983 hatte ich eine kurze Begegnung mit Präsident Mitterrand in London. Er ging durch den Hyde Park zur Paddington Station. Ich sagte ihm, wie unsympathisch ich Chirac fände – und Giscard d'Estaing auch, hätte ich hinzugefügt, wenn dieser sich nicht gerade zu uns gesellt hätte.

Fidel Castro

Im Juni 1984 besuchte ich Castro in Kuba. Wir spazierten umher, unterhielten uns freundlich über dies und das und blieben dann neben einem Armen stehen, der weinte. Er hatte gerade ein kleines Kind in einem winzigen Grab beigesetzt, das er selbst geschaufelt hatte.

Castro versuchte, ihn zu trösten, indem er ihm sagte, nun müsse sein Kind nicht mehr leiden und wisse von nichts mehr. Doch das tröstete den Mann nicht. Ich bekreuzigte mich, und er hörte sogleich auf zu weinen und schüttelte mir die Hand. Er sagte: »Ich glaube, Sie gehören zu denen, die meinen, es könnte nach dem Tod vielleicht noch etwas geben.«

Ho Tschi Minh

Als ich Präsident Ho Tschi Minh besuchte, war er überaus höflich und er erklärte mir, aufgrund welcher Schwierigkeiten er meinen früheren Besuch ablehnen mußte. Er nahm mich mit zu einem Spaziergang in der ländlichen Umgebung seines Hauptquartiers. Man mußte nebenbei immer Ausschau nach amerikanischen Bombern halten. Ein Hubschrauber kam näher, und ich fragte mich, ob das Amerikaner waren, doch er stellte sich als einer von »unseren« heraus und landete. Eine sehr hübsche junge europäische Frau erschien und ging allein davon. »Kann ihr nichts passieren?« fragte ich Ho Tschi Minh, und er rief hinter ihr her: »Kommen Sie zurück! Sie wissen nicht, was unsere Jungs vielleicht gern mit Ihnen anstellen würden.«

Oliver Cromwell

Viel Lärm in den Straßen vor meiner Wohnung – militärische Kommandos und so weiter. Es schien alles sehr ungewöhnlich. Ich hörte Radio und versuchte herauszufinden, was vor sich ging, doch ohne Erfolg – es war nicht die richtige Zeit für eine Nachrichtensendung. Ich ging hinaus und sah Oliver Cromwell die Straße herunterkommen. Ich begriff sofort, weshalb man ihn einmal als den Schatten beschrieben hatte, den ein Krebs wirft. Ich hatte nicht damit gerechnet, ihn hier zu sehen, denn in eben diesem Augenblick stimmte man in der Armee über seinen Plan ab, Charles I. hinrichten zu lassen. Er setzte sich zu einer Gruppe von Leuten und fing an, mit ihnen auf französisch zu reden. Er sagte, tatsächlich sei es die Doktrin des Gottesgnadentums, die Charles töte. Ohne sie wäre ein Kompromiß möglich gewesen. Man brachte die Nachricht vom Wahlergebnis – nur ein einziger alter Offizier hatte gegen Cromwell gestimmt. »Er will die Säulen des Tempels erschüttern«, sagte Cromwell, »doch ihn nicht zum Einsturz bringen. Das aber wäre verhängnisvoll.«

V.

Krieg

Ich war zu Besuch in Berkhamstead, als ich erfuhr, daß die USA mit Erlaubnis der britischen Regierung planten, um vier Uhr früh vierhundert Fallschirmjäger zu landen und die Stadt zu besetzen, um mich gefangenzunehmen. Es war fast Mitternacht, und ich dachte vergeblich darüber nach, wohin ich denn gehen könnte. Ich fragte zwei freundliche Polizeibeamte nach der genauen Zeit. Einer von ihnen meinte, es könnte möglicherweise einen gewissen Widerstand geben.

»Nein«, widersprach ich, »die werden sich sehr gut benehmen und wahrscheinlich Luftballons für die Kinder mitbringen.«

Ich ging zurück in mein Zimmer und hielt gerade unschlüssig meinen Paß in der Hand, der mich auf jeden Fall verraten würde, als die Landung stattfand – früher als erwartet, um Mitternacht. Bald war ich in einem anderen Zimmer unter Arrest. Zu dem amerikanischen Polizisten in Zivil, der mich beaufsichtigte, sagte ich: »Wenn ich hier herauskomme, werde ich das Vergnügen haben, Ihnen eins zu verpassen – ich werde zum ersten Mal einen Polizeibeamten schlagen.«

Eine Stimme hinter mir sagte: »Willst du damit sagen, du hast noch nie einen Polizisten geschlagen?« Ich drehte mich um. Es war mein alter Freund Claud Cockburn, der auch unter Arrest stand.

Durchs Fenster beobachteten wir die amerikanischen Truppen. Ich hatte gehofft, sie würden sich durch Plünderungen und Vergewaltigungen unmöglich machen, aber zu meiner Enttäuschung führten sie sich wohl korrekt auf.

* * *

Im Februar 1965 tauchten nach einem Bombardement in einem Londoner Viertel, in dem ich wohnte, deutsche Luftlandetruppen auf. Mit einem Freund versuchte ich, im Auto zu fliehen, beging aber den Fehler, einen kompromittierenden Brief zurückzulassen, in dem es um Spionage ging. Als wir davonfuhren, kamen wir an zwei deutschen Soldaten vorüber, die keine Anstalten machten, uns aufzuhalten. Doch einen Augenblick später sahen wir, wie uns andere entgegenkamen, und wir machten einen weiteren Fehler, indem wir zurücksetzten und wendeten, was den Verdacht jener Soldaten erregte, an denen wir zuerst vorbeigekommen waren. Wir wurden verhaftet. Anscheinend hatten sie schon eine komplette Akte über mich, in der sich auch ein Foto befand, das mit einer versteckten Kamera in einem Hotelzimmer aufgenommen worden war, wo ich einen Deutschen getroffen hatte. An sein

Gesicht erinnerte ich mich von einer Reise durchs besetzte Ruhrgebiet 1924. Sie hatten offenbar auch eine Tonbandaufnahme unseres Gesprächs. Es schien alles zu Ende zu sein, und ich hatte mich mit der bevorstehenden Folter fast abgefunden, ja, empfand sogar eine gewisse intellektuelle Neugier, wie lange ich es aushalten würde. Sie besaßen ein Röntgenbild meines Körpers, das ihnen von Nutzen sein würde.

* * *

Eine großangelegte deutsche Invasion begann am 23. Juni 1965. Die Deutschen drangen von Süden her weiträumig auf London vor. Ich und ein Freund waren mit einem schweren Geschütz – einem Mörser – als Guerillas an der Flanke im Einsatz. Mit unserem Mörser hatten wir einen deutschen Vorposten angegriffen, und mehrere hundert Mann und ein Offizier hatten sich uns ergeben. Nun besprachen wir den nächsten Schritt. Stießen die Deutschen direkt auf London vor oder wollten sie die Verbindung zwischen London und dem Westen abschneiden? Wir beschlossen, den Zug zu nehmen, merkten aber zu spät, daß er durch deutsch besetztes Gebiet fuhr, wo man uns kontrollieren würde.

Ein junger deutscher Offizier kam herein. Ich drückte ihm den Revolver in den Rücken und befahl ihm, zur Toilette zu gehen. Wir hatten vor, ihm dort seine Uniform abzunehmen. (Schon einmal war mein

Begleiter auf diese Weise entkommen.) Doch an der Tür stand ein weiterer Deutscher, und ich konnte an seiner triumphierenden Miene erkennen, daß er die Notbremse gezogen hatte. Der Zug kam in einem Depot unter gleißenden Bogenlampen zum Stehen.

Plötzlich war es, als sei ich losgelöst vom Geschehen und beobachte es von außen. Ich befand mich vor dem Depot und sah zu, wie ein Mann – mein Freund – mit unserem Mörser herausgerannt kam. Er fand einen leeren Karren mit einem riesigen Zugpferd davor, das sich bäumte und vorwärtssprang, so daß der Karren für einen Augenblick in der Luft hing. Dann kam ein zweiter Mann – sicher ich selbst – heraus und rannte hinter dem Karren her.

* * *

1966, nur ein halbes Jahr nach der deutschen Invasion, brach der Bürgerkrieg aus. Ich war in meiner Heimatstadt Berkhamstead, und als ich nach einem längeren Spaziergang in der Umgebung in die Stadt zurückkam, fand ich überall verstreute Flugblätter mit einer Bezeichnung, die offensichtlich der Codename einer militärischen Operation war. Ich erinnerte mich daran, was eine gute Freundin im Scherz zu mir gesagt hatte, als ich England verließ, um in Frankreich zu leben: »Zum Bürgerkrieg bist du dann wieder da.«

In der Nähe des Bahnhofs sah ich am Himmel eine Menge kleiner Flugzeuge und Fallschirme, die alle dieselbe Farbe hatten wie die Flugblätter, und als ich die

Castle Street entlangeilte, merkte ich, daß die Fallschirmspringer dicht gedrängt hinter mir aufmarschierten und die Straßen füllten. Es war eine Art faschistischer Putschversuch. Ein Zug Soldaten kam nun die Straße herunter, und ein Zusammenstoß war unvermeidlich, weil die Faschisten nicht zurückweichen würden – und, so hoffte ich, die Soldaten auch nicht. Doch ich war nicht auf die Wildheit vorbereitet, mit der die Truppen die Anführer der Faschisten mit ihren Bajonetten niedermachten, da diese unbewaffnet waren; das Ganze wurde zu einem Massaker.

Ich flüchtete in ein Haus, wo ich den Premierminister fand; Wilson war das damals. Keinen dort schien es zu interessieren, daß draußen Kämpfe begonnen hatten. Wilson machte einen schwächlichen, besorgten, unentschlossenen Eindruck. Das einzige, was er unternahm, war, in ein anderes Zimmer zu gehen, um dort seine Ruhe zu haben.

* * *

Ich erinnere mich mit Stolz an eine Gelegenheit, als ich entscheidend zur Gefangennahme Hitlers beitrug. Ich wartete zufällig auf einem Bahnsteig, als ich zwei Männer aus einem Zug steigen sah. Einer, das wußte ich, war ein General des deutschen Geheimdienstes, und als ich seinen Begleiter ansah, war ich mir sicher, Hitler zu erkennen, obwohl der absurde Schnurrbart fehlte und das Gesicht zerknittert war und menschlicher. Ich rief allen Umstehenden zu: »Hitler! Hitler ist am Leben!«

Die beiden Männer gingen eine Treppe zur U-Bahn hinunter. Die Leute sahen mich an, als sei ich verrückt, doch ich schrie weiter, und die Flucht der beiden wurde aufgehalten. Hitler kam zornig zu mir zurück. Wir gingen bis zum Ende des Bahnsteigs, wo wir uns hinsetzten und lange Zeit miteinander sprachen. Ich kann mich nicht mehr erinnern, worüber wir uns unterhielten. Ein paar andere Leute standen dabei und halfen, ihn zu bewachen, und schließlich kam ein Trupp Soldaten und nahm ihn mit.

* * *

Europa stand unter deutscher Besatzung, und ich hatte eine Verabredung zum Mittagessen mit einem Führer der Widerstandsbewegung, der persönlich für die Ermordung von einem halben Dutzend deutscher Soldaten verantwortlich war. »Ich hoffe nicht, daß du so etwas gutheißt«, sagte ein Freund zu mir.

Ich kam mir sehr auffällig vor, als ich in meiner Stadtkleidung und mit Hut ein Stück über freies Feld ging. Deutsche Truppen exerzierten, und ein deutscher Offizier ging hinter mir. Ich hatte Angst, daß man mich anhalten würde. Ich sah auch Milizsoldaten bei einer Übung.

Am Rand eines kleinen Städtchens stieß ich zu meiner Überraschung auf eine Zollstation. Sie war nicht zu umgehen. Ein schwarzer Soldat hielt mich an, und der verantwortliche Beamte fragte, ob ich irgend etwas zu verzollen hätte. Ich sagte: »Zweihundert Zigaretten«. Er riß das Paket auf, kontrollierte den Inhalt und gab mir die Zigaretten zurück; dabei deutete er auf ein Plakat, auf dem stand, er sei berechtigt, Zigaretten zuzulassen, wenn sie »in eleganter und korrekter Form« deklariert würden. So ging ich weiter, meinem, wie ich wußte, gefährlichen Mittagessen entgegen.

* * *

Plötzlich war ich wieder in die Malaya-Krise verwickelt, die ich in der Gemeinsamen Welt im Jahr 1951 erlebt hatte. Ich verbarg mich vor den chinesischen Guerillas, doch gleichzeitig war ich auch ein mögliches Ziel für die britischen Bomber, die sie verfolgten. Die Bomber verfügten über eine ausgeklügelte Technik, bei der elektrische Glühbirnen das Terrain ausleuchteten, so daß man sah, ob sich dort ein lebender Mensch befand, und dann warf man eine Bombe ab. Ich legte mich auf den Boden, und sofort leuchtete neben mir eine Glühbirne auf. Ich warf sie in die Dunkelheit und kroch weg, aber sobald ich innehielt, ging wieder ein Licht an. Es schien nur wenig Hoffnung zu geben, den Bomben zu entkommen, aber trotzdem gelang es mir irgendwie zu fliehen, und ich schloß mich einer inoffiziellen britischen Gruppe an, die nach den Guerillas suchte.

* * *

Ich war erst neun, als in der Gemeinsamen Welt der Erste Weltkrieg begann, aber in Meiner Eigenen Welt habe ich ganz andere Erinnerungen an das Jahr 1914.

Der Krieg begann mit einer vollständigen Katastrophe für die britische Armee und der bedingungslosen Kapitulation von Feldmarschall French, der selbst, zusammen mit einem anderen General namens Juillard, in Gefangenschaft kam. Ihren Ehefrauen wurde gestattet, die Haft der Männer zu teilen – das half ihnen, Haltung zu bewahren –, und General Juillards Frau brachte ihm einen elektrischen Apparat, mit dem er »Sachen machen« und sich die Zeit vertreiben konnte. Was mich jetzt erstaunt ist, wie wir nach einer so vollständigen Niederlage am Ende doch noch siegen konnten.

* * *

Zum erstenmal in meiner sehr persönlichen Eigenen Welt war ich ein anderer. Ich war der Dichter Wilfred Owen, und ich trug Offiziersuniform und einen Stahlhelm wie im Ersten Weltkrieg. Ich war allein in einem Unterstand und rezitierte ein Gedicht, das ich auf die Fotografie der Frau, die ich liebte, gemacht hatte. Ich nannte das Gedicht »Givenchy«, was wohl der Ort an unserer Front war, den meine Einheit hielt. Das Gedicht ging etwa so (ich sagte es laut auf):

Denk, Liebste, dir den flachen Graben
als Zitadelle, uneinnehmbar
in dieser guten Nacht, noch lang.

Plötzlich überwältigte mich die Erschöpfung dieses endlosen Krieges, und ich begann zu schluchzen. Während ich weinte – oder besser: während Wilfred Owen weinte –, sagte eine Stimme: »Die Deutschen haben Gasbomben auf Abschnitt soundso abgeworfen.«

VI.

Augenblicke von Gefahr und Angst

Ich habe gerade einen gefährlichen Tag in Haiti verbracht, in Port-au-Prince. Ich war mit meinem Freund Trevor Wilson zusammen, einem ehemaligen Angehörigen des M. I. 6., den ich zuletzt gesehen hatte, als er Konsul in Hanoi war. Wir wurden beide fast sofort nach der Landung verhaftet. Der schwarze Polizist, der mich bewachte, stellte sich als eifriger Leser ziemlich kindlicher Erzählungen heraus, in denen eine Figur namens Bambi eine große Rolle spielte. Als ich eine der Geschichten an irgendeiner Stelle aufschlug, sah ich, daß sie sehr theatralisch-erotisch war – in einer Szene wurde Bambi von der Himmelskönigin verführt.

Ich versprach dem Mann, ihm die ganze Serie von etwa siebzehn Bänden zu besorgen, und sofort setzte er mich in einen Rollstuhl, legte mir ein Tuch über den Kopf und brachte mich so aus dem Gefängnis. Irgendwie gelang es mir, Trevor auch freizubekommen, und wir eilten die Straße hinunter und dann die Auffahrt zur britischen Botschaft entlang, um dort Zuflucht zu suchen. Das kühle Desinteresse, das der Botschafter und seine Frau – die gerade von einem Picknick zurückkamen – zeigten, verletzte mich etwas. Ich kannte sie aus der Zeit, als sie in Santo Domingo waren. Aber natürlich wollen Botschafter nie in irgendwelchen Ärger hineingezogen werden.

Bei einem anderen Besuch war ich in meinem Hotel in Haiti gerade zum Scheißen auf die Toilette gegangen, als man mir sagte, daß mich ein Admiral und ein General sprechen wollten. Ich beeilte mich, fertig zu werden, und ging zu ihnen. Sie sahen ein wenig lächerlich aus mit ihren Uniformen und Orden, schienen aber aufrichtige Leute zu sein. Sie sagten mir, daß eine Revolution unmittelbar bevorstehe. »Sie und ihre Freunde sollten so rasch wie möglich abreisen. Und tauchen Sie sofort unter, wenn Sie irgend etwas Ungewöhnliches bemerken. Sie haben Schuhe – bestechen Sie jemanden mit Ihren Schuhen. Die Leute brauchen dringend Schuhe und werden Sie dafür verstecken.«

»Was werden Sie tun?« fragte ich den General.

Er antwortete mit großer Würde: »Ich werde sterben. Niemand wird mich verstecken.«

Beim erneuten Lesen des Tagebuchs, das ich in den sechziger Jahren über mein Leben in der Eigenen Welt geführt habe, kommt es mir so vor, als hätte ich dort dieselbe Art russisches Roulette gespielt wie einst in der Gemeinsamen Welt, denn ich bin immer wieder nach Haiti zurückgekehrt.

Im November 1966 fuhr ich sehr widerstrebend durch die Straßen von Port-au-Prince – bei mir war Peter Glenville, mit dem ich in der Gemeinsamen Welt an der Verfilmung von *Die Stunde der Komödianten* gearbeitet hatte, ein Buch, das von Papa Doc scharf verurteilt worden war. Peter spürte, daß ich mich in Gefahr fühlte. Es schienen eine Menge Touristen dazusein, und im Museum begegneten wir Seitz, dem Besitzer des Hotels Oloffson, wo ich gewohnt hatte, bevor ich *Die Stunde der Komödianten* schrieb. Als er Peter begrüßte, drehte er mir den Rücken zu. »Wenn Sie wüßten, was ich seinetwegen für Schwierigkeiten mit den Tontons Macoutes gehabt habe«, sagte er.

Oben begegnete ich zwei anderen Bekannten – einer von ihnen war Arzt. Sie waren erstaunt, mich zu sehen, und immer stärker empfand ich den Wunsch, rasch von dort wegzukommen.

Draußen im Hof standen mehrere Autos. Eine alte Dame wartete neben einem Wagen, der nahe bei unserem geparkt war. Ich hatte sie schon in den Straßen von Port-au-Prince gesehen. »Ich glaube, das ist die Frau von Papa Doc«, sagte ich, und tatsächlich kam nun der Präsident selbst zu ihr, und sie fuhren zusammen weg. Ich versuchte, mein Gesicht mit der Hand zu verdekken, und hatte große Angst. Peter bestand darauf, ruhig am Steuer seines Wagens sitzen zu bleiben, und aß ein hartes Ei.

Als wir endlich losfuhren, fanden wir die Straße, die vom Museum wegführte, durch eine Schranke mit einem Drehgelenk versperrt. Peter stieg aus, um den Holzbalken zur Seite zu schieben, aber gleich gegenüber stand ein bewaffneter Wachtposten, der sagte, die Schranke dürfe ohne den Befehl des Präsidenten nicht geöffnet werden. Diesmal saßen wir wirklich in der Falle. Glücklicherweise erinnere ich mich an nichts weiter.

* * *

Im Jahr 1972 wurden viele Häuser in London durch Bomben zerstört. Als ich mit einem Freund hinauf zu meiner Wohnung ging, war mir ein Kanister sofort verdächtig, der an einem Heizkörper im Treppenhaus befestigt und durch ein Glasröhrchen mit einem elektrischen Kontakt verbunden war. Mein Freund löste das Röhrchen ab, und ich ging hinunter auf die Straße und zeigte es einer Gruppe von Polizisten.

Einer davon untersuchte das Röhrchen und sagte, es enthalte genügend Sprengstoff, um den ganzen Häuserblock in die Luft zu jagen. Sie gingen ins Haus. Ich fürchtete um ihr Leben, denn im Haus hätte eine zweite Bombe versteckt sein können, und in der Tat explodierte ein Koffer, und ein Regen scharfer kleiner Splitter sprühte in alle Richtungen – nicht gefährlich, aber stechend.

* * *

Ich befand mich in einem Raum, wo sich ein Papagei frei aufhielt, der plötzlich unter die Zimmerdecke flatterte. Ich erklärte der Person, die mich begleitete: »Ich habe große Angst vor Vögeln, genau wie früher meine Mutter. Ich kann die Berührung von Federn nicht ertragen. Ich kann nicht in diesem Zimmer bleiben.« Ich lief gebückt in einen kleinen dunklen Raum nebenan, aber der Papagei flog hinter mir her und streifte fast mein Gesicht.

In diesem Zimmer waren noch andere Lebewesen um mich herum, doch es waren kleine, pelzige, freundliche Tiere. Plötzlich stopfte mir jemand eine große dicke Spinne in die Hose, und ich spürte, wie sie meinen Penis umklammerte. Das war sogar noch schlimmer als der Papagei.

* * *

Im Januar 1983 gehörte ich in Mexiko zu einem Trupp Guerillas, die von der Armee verfolgt wurden. Ich und ein Gefährte waren von der Truppe getrennt worden. Als wir einen öden Landstrich durchquerten, wurden wir aus flachen Schützengräben beschossen.

Mein Begleiter erwiderte das Feuer nicht, sondern schoß in die Luft, worauf ein älterer Mann, der, glaube ich, sein Vater war, im Graben aufstand und grüßend winkte. Dann lief er herbei und sank verwundet in die Knie.

Es mußte einige Zeit vergangen sein, denn das nächste, woran ich mich erinnere, ist, wie wir zwei – wieder allein – eine Straße entlanggingen. Ein Mann und eine

Frau auf einem Pferdekarren kamen uns entgegen. Ich sah, daß der Mann ein anscheinend ganz neues Gewehr vor sich liegen hatte. Als sie bei uns angekommen waren, riß ich das Gewehr an mich, und sie verschwanden um eine Kurve. Ich war mir sicher, daß sie unseren Verfolgern sagen würden, wo wir waren. Mein Begleiter ging zurück zur Kurve, um zu sehen, ob sie schon in der Nähe waren, und winkte mir, ich solle einen anderen Weg einschlagen.

Ich konnte sehen, daß sich eine Kompanie Soldaten näherte, und als ich nach links, wohin er mir zu gehen bedeutet hatte, die Straße hinunterschaute, sah ich eine weitere Kolonne auf uns zukommen, während eine dritte Einheit die Straße entlang auf mich zukam. Wir waren eingeschlossen.

Ich entschied mich, einfach mit meinem Gewehr weiterzugehen, und hoffte, sie würden mich nicht erkennen. Sie zogen an mir vorüber, ohne zu schießen, aber dann hörte ich das Klicken, mit dem die Gewehre entsichert wurden – jeden Augenblick würden sie feuern. Die Straße, auf der wir gingen, war abwechselnd weiß und schwarz gestreift, und ich dachte: »Weiß ist Leben, Schwarz ist Tod.«

Ich muß überlebt haben, denn in Träumen stirbt man nur selten, so selten, daß ich, glaube ich, meinem eigenen Tod nur einmal begegnet bin – dem Tod, mit dem dieses Buch endet.

VII.

Ein Anflug von Religion

Es überrascht mich festzustellen, wie oft Religion in der einen oder anderen Form in Meine Eigene Welt eindringt. Ich sage: »In der einen oder anderen Form«, weil es mich immer irritiert hat, wenn man mich als katholischen Schriftsteller einordnet. Immerhin ist eines meiner Bücher, *Die Kraft und die Herrlichkeit* (vielleicht mein bestes), vom Heiligen Offizium verurteilt worden, und der Kardinal von Westminster, der Vorgänger Kardinal Heenans, hat meine Werke scharf kritisiert. Es überrascht mich nicht, daß ich auch in Meiner Eigenen Welt kaum als orthodoxer Katholik gelten kann.

Trotzdem habe ich dort drei Päpste getroffen – in der Gemeinsamen Welt bin ich allerdings nur zweien begegnet, Pius XII. und Paul VI. Glücklicherweise schlief Johannes Paul II. bei unserer ersten Begegnung in Meiner Eigenen Welt.

Johannes Paul II. reist sehr viel, und ich bin mir nicht sicher, in welchem Hotel und in welchem Land wir uns zufällig zur gleichen Zeit aufhielten. Aus einem mir selbst unbegreiflichen Grund – denn ich schätze ihn nicht – empfand ich den starken Wunsch, ihm zu beichten. Es war spät am Abend, und ich zögerte lange vor der Tür seines Schlafzimmers, unschlüssig, ob ich klopfen sollte. Dann drückte ich die Klinke hinunter, die Tür ging auf, und da lag der Papst im Bett und schlief fest. Das Gesicht auf dem Kissen hatte denselben charismatischen Ausdruck, den ich auf so vielen Fernsehschirmen gesehen hatte. Ich stand da, sah zu ihm hinunter und fragte mich, ob ich ihn wecken sollte, doch da läßt mich mein Gedächtnis im Stich. Ich nehme an, daß ich weggeschlichen bin und so meine Bekenntnisse, die sehr nebensächlich gewesen sein müssen, unausgesprochen mitgenommen habe.

Meine weiteren Begegnungen mit Papst Johannes Paul II. verliefen nicht besonders glücklich. 1984 machten wir zusammen einen Spaziergang durch die Gärten des Vatikans. Er war abwechselnd sehr liebenswürdig und sehr ungeduldig. Wir blieben bei zwei Gruppen stehen – die eine bestand aus Frauen, die andere aus Männern –, die Karten spielten. Er überreichte den beiden Gewinnern eine Praline, und mich widerte die fromme Servilität ein wenig an, mit der sie die Süßigkeit entgegennahmen, als reiche er ihnen die Hostie.

Ich war schockiert, als ich im Juli 1987 aus den Zeitungen erfuhr, daß derselbe Papst beabsichtige, Christus heiligzusprechen. Ich dachte mir, der Mann müsse vor

Hochmut verrückt geworden sein, daß er glaubte, Christus eine Ehrung erweisen zu können. Zufällig war er gerade zu Besuch in Antibes, und eines Tages ging ich auf den Stadtmauern an ihm vorüber, wo er im Gebet kniete und übers Meer blickte. Als ich an ihm vorbeigegangen war, bemerkte ich, daß er mir folgte, und ich verlangsamte meinen Schritt in der Hoffnung, er würde mich ansprechen und ich könnte meinen Gefühlen über die geplante Ehrung Luft machen. Aber er ging wortlos an mir vorbei und bog in die Stadt ab. Er trug ein Paar alte, sehr schmutzige weiße Hosen und einen grünen Pullover. Es lag etwas Rührendes in diesem schäbigen Aufzug, und zum erstenmal tat mir der Papst ein wenig leid.

Meine einzige Begegnung mit Papst Johannes XXIII., den ich sehr bewunderte, war eigenartig. Sie fand in seinem letzten Lebensjahr statt. Der Papst segnete das Meer, eine sehr alte Zeremonie, in deren Verlauf er bis zu den Hüften ins Wasser watete, auf dem Haupt die dreifache Tiara. Unglücklicherweise badeten an dieser Stelle drei ungebärdige Engländer, die sich zusammentaten, um den Papst naßzuspritzen. Es waren – ich zögere, ihre Namen preiszugeben, aber zumindest zwei von ihnen sind inzwischen tot – der Earl von Southampton, Sir Kenneth Clark und Raymond Mortimer. Da ich die beiden Letztgenannten persönlich kannte, nahm mich der Papst nach Beendigung der

Zeremonie beiseite und bat mich, ihnen einen entsprechenden Verweis zu erteilen, und er stellte mir für diesen Zweck einen Raum im Vatikan zur Verfügung. Ich weiß jetzt, nach vierundzwanzig Jahren, nicht mehr, was ich zu ihnen gesagt habe, aber ich bin mir sicher, daß ich sie so nachdrücklich wie nur möglich tadelte, weil mich ihr Benehmen schockierte.

Bei Paul VI., den ich in der Gemeinsamen Welt kannte und schätzte, erinnere ich mich an eine ganz andere religiöse Zeremonie, doch die Schrift in meinem Tagebuch ist nach vierundzwanzig Jahren manchmal schwer zu lesen. Eine religiöse Zeremonie fand jedenfalls statt, diesmal in Rom, vor einem großen quadratischen Palast, der mich eher an Wien als an Rom erinnerte – und spielten tatsächlich Löwen dabei eine Rolle, oder ist meine Handschrift irreführend? Es scheint, als beschriebe ich die Löwen, die dort Kindern nachjagten, obwohl ich zugebe, daß ich nicht sicher war, ob sie hinter einem Stück Fleisch her waren oder nur hinter einem unschuldigen Haarbüschel. Es gab auch große steinerne Statuen mit grotesken Kardinalsköpfen, die um den Platz herumgingen. Ihnen folgte eine Nonne, die sie auf die Köpfe schlug, zum Beweis, daß sie aus Stein waren. Nach alledem kam schließlich die Predigt von Papst Paul – doch sie ertönte aus der Kehle eines Maultiers, von dem ich nur den Kopf und den langen ausgestreckten Hals sehen konnte, wie ein in der Luft schwebendes monströses Megaphon.

Als ich in das Haus zurückkam, in dem ich wohnte, sah ich eine juwelenbesetzte Krone (vermutlich gehörte sie dem Papst) auf der Anrichte liegen und war in leichtfertiger Stimmung versucht, sie aufzuprobieren, doch ich fürchtete, der Papst könne jeden Augenblick hereinkommen.

Ich war Papst Paul VI. zuvor schon einmal näher gekommen als nur über den Kopf eines Maulesels. Ich ging neben ihm in einer Prozession den Mittelgang einer Kirche in Rom hinauf. Er schien müde und niedergeschlagen, und ich fing an, ihm auseinanderzusetzen, daß er zu angestrengt arbeite und daß wir ihn liebten (etwas, was ich zu seinem Nachfolger nie gesagt hätte). Mir traten sogar Tränen in die Augen. Als wir vor dem Altar ankamen, stand eine Reihe leerer Stühle für uns bereit. Ich hatte das Gefühl, daß ich schon unverdient lange in Gesellschaft des Papstes gewesen war, und zögerte, den Platz neben ihm einzunehmen, doch das blieb mir erspart.

»Einen Platz für den heiligen Hugh!« rief jemand. Ich schaute über die Schulter und sah einen alten Mann mit weißem Bart und einem fröhlichen Lächeln, und ich machte ihm gern Platz, obwohl ich keine Ahnung hatte, wer der heilige Hugh sein mochte, denn sicher sind selbst in Meiner Eigenen Welt alle Heiligen tot.

* * *

Einmal besuchte ich mit meiner Mutter die Messe in Crowborough, wo meine Eltern wohnten. Wir hatten Plätze in der ersten Reihe bekommen. Der Priester sprach, von zwei Meßdienern begleitet, ein Ave Maria. Sie machten kleine Schritte auf den Altar zu, und zwischen den Zeilen blieben sie immer stehen. Ich bemerkte ärgerlich und angewidert, daß der Priester eine brennende Zigarette in der Hand hielt, ebenso einer der Meßdiener. Zum Schluß drehte sich der Priester zur Gemeinde um und sagte, daß man in Rom nun bald eine Entscheidung für oder gegen die Legende von der jungfräulichen Geburt treffen würde und daß er jedenfalls keine Schwierigkeiten haben wolle, egal, wie der Beschluß ausfiel. Dann schritt er den Gang hinunter, um die Gemeinde beim Verlassen der Kirche zu verabschieden.

Ich war wütend. Ich war fest entschlossen, ihm die Meinung zu sagen, wenn ich nur Gelegenheit dazu fände. Ich stahl mich hinaus und ging zur Tür. Er sprach geschäftig mit irgendwelchen Leuten. Ich hoffte, er würde zu mir kommen, aber ich mußte auf meine Mutter warten, wie ich als Ausrede sagen konnte. Der Priester ging in die Kirche zurück, ohne mit mir zu sprechen, und ich folgte ihm. Er umarmte einen hochgewachsenen Mann, dem er nun sozusagen von den Schultern hing, und ich fand endlich den Mut, ihn anzusprechen, und sagte ihm, wie abstoßend ich sein Benehmen fand. »Konnten Sie nicht wenigstens drei

Minuten mit dem Rauchen warten?« Er lächelte mich überlegen und selbstgefällig an.

* * *

Heute abend bei der Messe assistierte eine dicke unbeholfene Frau dem Priester. Sie hatte eine Tasse Tee klirrend neben den Abendmahlskelch auf den Altar gestellt, so daß der Eindruck entstand, der Priester weihe nicht nur den Wein, sondern auch den Tee. Das empörte mich sehr, und als die Messe vorüber war, stritt ich mich recht zornig mit dem Priester, der mir ein schwächlicher und ignoranter Mann zu sein schien.

* * *

Ich habe nie gern Vorträge gehalten und betrachte mich auf keinen Fall als kompetent, über religiöse Themen zu reden. Trotzdem habe ich einmal in Meiner Eigenen Welt einigen Leuten meine Theorie von der gemeinsamen Evolution von Gott und Menschheit und von der Identität Gottes und Satans erklärt. Und so erschien diese Theorie später in meinem Roman *Der Honorarkonsul:*

> Der Gott, an den ich glaube, muß für all das Böse ebenso verantwortlich sein wie für all die Heiligen. Er muß ein Gott sein, erschaffen nach unserem Bilde, mit einer Nachtseite so gut wie mit einer Tagesseite. Wenn du vom Entsetzlichen sprichst, Eduardo, dann sprichst du von der Nachtseite Gottes. Ich glaube, die Zeit wird kommen, da die Nachtseite absterben wird – wie bei dir der Staat im Kom-

munismus, Aquino – und wir nur das einfache Tageslicht des guten Gottes sehen. Du glaubst an die Evolution, Eduardo, obwohl manchmal ganze Generationen von Menschen in einen tierischen Zustand zurückfallen. Das ist ein langer Kampf, ein langes Leiden, die Evolution, und ich glaube, Gott erleidet dieselbe Evolution wie wir, aber vielleicht mit größeren Schmerzen.*

* * *

Jemand erzählte mir, wenn ich Israel besuchte, sollte ich nach Emmaus gehen, einem kleinen Dorf, das sich seit biblischen Zeiten überhaupt nicht verändert habe. Dort war Joseph Maria begegnet. »Aber was hat ihn denn«, fragte ich, »aus Nazareth dorthin geführt?«

»Vielleicht«, kam die Antwort, »dieselbe Steuerschätzung, wegen der sie dann später beide nach Bethlehem mußten.«

* * *

Es war im Januar 1973, als ich in einer Zeitung las, ich sei zum Erzbischof von Westminster ernannt worden. Ich war erstaunt, und meine Gefühle waren ziemlich gemischt. Ich wußte, daß ich vollkommen ungeeignet war, aber trotzdem fand ich die Idee recht verlockend, einige Tage später gemeinsam mit dem Erzbischof von Canterbury an einem bestimmten königlichen Zeremo-

---

* Im Gespräch hat Graham Greene mir einmal beschrieben, wie diese Passage aus dem Traum in den Roman geraten ist, und ich habe sie hier für den Leser hinzugefügt. (Yvonne Cloetta)

niell teilzunehmen. Es stellte sich heraus, daß für all meine Familienangehörigen je zwei Plätze bei der Zeremonie reserviert waren.

Ich hatte eigentlich aus London abreisen wollen, aber nun sagte ich meiner Geliebten, ich sollte wohl besser dableiben und den Ornat und die Mitra beschaffen – und meine Rolle, sozusagen, einstudieren. Zuerst würde ich aber noch die Priesterweihe empfangen müssen, und deswegen mußte ich meinen Vorgänger, Kardinal Heenan, konsultieren. Und wem anders als dem Kardinal sollte ich dann auch tatsächlich ganz zufällig begegnen?

Er schaute mich sehr säuerlich an, als ich sagte, die Ernennung sei für mich völlig überraschend gekommen. »Als das bekanntgegeben wurde«, sagte er, »wirkte es wie eine Bombe. Ich muß einiges mit Ihnen besprechen.«

Ich ging mit ihm nach Hause. Wie sich herausstellte, hatte er bei einem Privatdetektiv einen Bericht über mich angefordert. Das Dossier enthielt Fotografien – darunter Aufnahmen, auf denen der recht schäbige und ungebildete Detektiv mit seinen Zeugen zu sehen war.

»Wer ist Mrs. Burton?« fragte der Kardinal. Ich antwortete, dieser Name sage mir nichts. Vielleicht bezog sich der Detektiv auf eine Frau, die vor vielen Jahren meine Geliebte gewesen, nun aber tot war. »Der hätte ja zumindest irgend etwas Aktuelleres ausgraben können«, sagte ich.

Der Kardinal hatte sich beim Finanzamt erkundigt, und dort hieß es, ich hätte meine Einkommensteuer hinterzogen, indem ich Geld ins Ausland schaffte. Das beunruhigte mich nun doch. Ob sie wohl vorhatten, den Fall wieder aufzurollen? In seiner Akte fand sich auch eine recht geheimnisvolle Geschichte darüber, daß ich einmal unerlaubt fremden Grund und Boden betreten hätte. Nach langem Nachdenken erinnerte ich mich, daß ich einmal vorhatte, aufs Land zu ziehen, und mit meinem Verleger eine Wiese abgeschritten war, auf der man ein Haus hätte errichten können. Das Dossier wurde immer absurder und entfernte sich immer weiter von der Wahrheit. Mittlerweile lachten wir beide, der Kardinal und ich. Er war erleichtert, als er sah, daß keine Gefahr mehr bestand, ich könne mit der Komödie meiner Priesterweihe fortfahren.

* * *

Als ich im Bett lag, faßte ich den schwerwiegenden Entschluß, mich ganz vom Christentum abzuwenden und Buddhist zu werden. In diesem Augenblick der Entscheidung hatte ich das Gefühl der unmittelbaren Nähe Christi. Sein Umriß war im Dunkeln schwach zu sehen, und er schien unglücklich, mich zu verlieren. Mindestens meinen halben Glauben gewann ich wieder.

* * *

Ich hatte ein interessantes jüdisches Buch über Jesus gelesen. Darin wurde die Laufbahn Christi mit der eines früheren Juden namens Mouskie verglichen. Mouskie hatte ein ganz ähnliches Ende gefunden. Jesus kannte Mouskies Geschichte und wußte daher, daß er mit einiger Wahrscheinlichkeit ebenso sterben würde. Auch Mouskie hatte sein Ende vorhergesehen, aber er hatte sein Wissen von den Propheten, während das von Jesus wiederum auf Mouskies Lebensgeschichte beruhte, so daß Mouskie als die bedeutendere Gestalt erschien.

Ein weiterer interessanter Zug des Buches betraf die Geschichte des Nikodemus. Er flüchtete sich auf einen Baum und weigerte sich, wieder herunterzukommen; er hatte Angst, Jesus anzusprechen, denn er sah, daß dieser von zwei »groben Galiläern« beschützt wurde.

* * *

In der Kirche formierte sich ein neuer Orden einer Gruppe von Priestern, die dem heiligen Paulus eine übertriebene Bedeutung zumaßen und ihn beinahe über Christus stellten. Ein Symbol des Ordens – das man in Läden erwerben konnte, in denen Devotionalien verkauft wurden – war eine Porzellanbüste des heiligen Paulus mit drei Armen, aus denen wiederum Köpfe wuchsen. Ich glaube, der Orden florierte vor allem in Spanien.

Eine Bewegung, die sich gegen den Orden wandte, wurde von einem Priester geleitet, den ich kannte. Er hatte ein kritisches Buch über den Orden geschrieben.

Einmal wurde er spät in der Nacht von jemandem angerufen, der dringend beichten wollte; man einigte sich darauf, sich an einer Kirche am anderen Ende der Stadt zu treffen. Er brach auf, doch nach und nach stieg ein Verdacht in ihm auf. Folgte ihm jemand? Er wandte sich um und ging zurück.

Als er wieder ankam, sah er die Straße, in der er wohnte, in Flammen stehen – nicht nur sein Haus, sondern auch die Häuser von vier anderen Priestern, die sich gegen den neuen Orden gewandt hatten.

* * *

Erzbischof David Mathew – nicht nur Historiker, sondern auch ein hervorragender Romancier – war ein guter Freund von mir und bewahrte mit seinen Ratschlägen in der Gemeinsamen Welt *Die Kraft und die Herrlichkeit* vor der Zensur durch das Heilige Offizium. Um so merkwürdiger kommt mir deshalb die Schilderung seines Begräbnisses in Meiner Eigenen Welt vor.

Ich wohnte David Mathews Begräbnis im Dezember 1964 bei. Es war ein äußerst bizarrer Gottesdienst. Ich saß mit einem Freund auf der Empore der Kirche und ärgerte mich sehr über das Geflüster – ja sogar Gekicher – unten in der Gemeinde. Ich wollte hinabrufen: »Der Erzbischof ist mein Freund, und er ist tot!« Dann flüsterte mein Begleiter mir zu: »Einer von den Priestern dort – ich glaube tatsächlich, er muß sich das

Lachen verbeißen.« Es war sehr seltsam, und ich hätte es einer hysterischen Trauer zugeschrieben, wenn nicht ein anderer der die Messe zelebrierenden Priester plötzlich mit einem fröhlichen Lachen den Altar an einem Ende ergriffen und ihn rasch wie einen Tisch aus der Kirche hinausgerollt hätte. Der Gottesdienst endete in einem Chaos der Heiterkeit.

Nun, da ich nach vielen Jahren zurückblicke, frage ich mich, ob das Ende des Lebens nicht immer auf eine ähnliche Weise gefeiert werden sollte.

VIII.

Kurze Begegnungen mit königlichen Hoheiten

König Leopold

Eines Nachts im Jahr 1964 rief mich der ehemalige belgische König Leopold an, um einen Rat von mir zu erbitten. Er organisierte gerade eine große Ausstellung zur Geschichte Belgiens, die in allen Hauptstädten der Welt gezeigt werden sollte, und er fragte sich, wie man denn die unselige Geschichte von Belgisch-Kongo darstellen könne. Ich schlug vor, das einfach wegzulassen, aber meine Antwort erschien uns beiden nicht befriedigend.

Dann regte ich an, er solle ganz offen sein und die Verbrechen seines Ururgroßvaters (ich war mir nicht ganz sicher, ob ich den Verwandtschaftsgrad korrekt benannt hatte) und die Fehler der belgischen Regierung eingestehen. »Sie könnten sie mit den Verbrechen anderer Länder vergleichen, meines eingeschlossen – dem Massaker von Amritsar zum Beispiel.« Ich habe nie erfahren, ob er meinem Rat gefolgt ist.

1966 gab es ein Mißverständnis im Zusammenhang mit meinem Empfang im Buckingham Palace, wo mir der Rang eines *Companion of Honour* verliehen werden sollte. Der Termin war verschoben worden, und ich war im Kongo, als die Mitteilung kam. Aus irgendeinem Grund log meine Sekretärin und teilte dem Hof mit, ich hätte den Brief nicht erhalten. Als ich dann zu dem neu festgesetzten Datum erschien, nahm mich ein Hofbeamter beiseite.

»Sagen Sie mir die Wahrheit«, sagte er. »Ihre Sekretärin hat gelogen, oder?«

»Ja«, sagte ich. »Ich weiß auch nicht, wieso. Ich war im Kongo.«

Wir gingen an der Königin vorüber, die auf ihrem Thron saß, und ich blieb stehen, um ihr die Hand zu schütteln. Sie lächelte mich an. »Noch nicht«, sagte sie. »Das wäre ein Bruch des Protokolls.« Ich hatte nun meinen Platz in der Schlange der Wartenden verloren.

Wir gingen in den Garten hinaus, um uns dort die Zeit zu vertreiben. Viele Bischöfe standen herum, und Kinder saßen an Tischen und aßen Kuchen und Eis. Nach einer Stunde gingen wir hinein. Ich war hungrig und die Königin offensichtlich auch, denn sie nahm an einem Tisch Platz und aß ein Stück Kuchen. Ich war etwas verwirrt, weil sie mich mit meinem eigentlichen Vornamen ansprach – Henry – der mir nie gefallen hat.

Zwei Jahre zuvor saß ich ganz zufällig bei einem Gottesdienst in der Windsor Chapel neben der Königin. Der Pfarrer hielt eine völlig absurde Predigt, und ich konnte kaum das Lachen unterdrücken. Ebenso erging es, wie ich sah, der Königin, und sie hielt mir den Orden, den ich trug, vor den Mund, damit man mein Lächeln nicht sah. Dann trat Prinz Philip ein. Es überraschte mich durchaus nicht, daß er in Pfadfinderuniform war, aber es ärgerte mich, daß ich ihm meinen Platz überlassen mußte. Als ich aufstand, vertraute mir die Königin an: »Ich halte es einfach nicht aus, wie er lächelt.«

König Ibn Saud

Ich traf König Ibn Saud in einer schmalen Nebenstraße in Westminster. Er trug sein orientalisches Gewand und hatte eine dunkle Sonnenbrille auf, und anscheinend war er gerade bei seiner jungen Geliebten gewesen, die über einem Tabakgeschäft wohnte. Mich beeindruckte die große Höflichkeit, die er ihr erwies, indem er rückwärts zu seinem Taxi ging und den Blick auf die Fenster des ersten Stocks gerichtet hielt.

Eine unbekannte Prinzessin

Ich befand mich in Gesellschaft einer jungen Prinzessin, deren Vater, der König, in einem von Spähern umringten Schloß im Sterben lag. Ihr Leben war in Gefahr, wenn er starb. Plötzlich drang ein Geräusch durch die

Wand seines Zimmers – wie ein langer Pfeifton, dann ein Seufzer. »Das ist das Sterbegeräusch«, sagte ich zu ihr.

Es war von entscheidender Bedeutung, daß die Späher nichts vom Tod des Königs erfuhren, deshalb wurde im Schloß sogleich fröhliche Musik gespielt.

Ich sagte: »Sie müssen jetzt fliehen, ehe die Späher Bescheid wissen.« Ich versuchte, die Batterien meiner Taschenlampe richtig anzuordnen, aber sie waren alt und verbraucht. »Macht nichts«, sagte ich, »es ist fast schon Tag.«

Ich schaute aus dem schmalen Fenster und sah tief unten die Späher. Wir mußten nicht nur ihnen entkommen, sondern auch den Schloßbewohnern, und zumindest fürs erste gelang uns das. Wir standen auf einer Wiese bei der Ruine einer alten Abtei. Wir gingen durch diese Klosterruine, aber dort waren Touristen, und ich hörte einen sagen: »Das ist doch die Prinzessin. Ich erkenne sie an den Haaren.«

Ich holte die Prinzessin vor der Ruine ein und sagte ihr, daß wir uns so schnell wie möglich davonmachen müßten, ehe jemand die Späher informierte. »Nehmen Sie Ihre Baskenmütze ab«, sagte ich zu ihr. »Man wird melden, daß Sie eine Baskenmütze tragen.« Wir sind vermutlich entkommen, denn an mehr erinnere ich mich nicht.

IX.

Schriftstellerhandwerk

Das Schreiben spielt in Meiner Eigenen Welt nur eine kleine Rolle. Einmal kam mir die Idee zu einer Kurzgeschichte mit dem Titel »Die Geographie des Gewissens« über eine Frau in Kanada – eine irische Katholikin, die zu ihrem Mann in Italien wollte. Sie rief ihren Bischof an und bat um die Erlaubnis, die Pille zu nehmen, und er sagte ihr, sie solle ihrem Gewissen folgen, also nahm sie sie. Dann fand sie sich in Rom in einem völlig anderen moralischen Klima wieder, und nach und nach bekam sie ein schlechtes Gewissen wegen der Pille. Die Geschichte war als Komödie gedacht und wartete noch auf eine dritte Volte des geographischen Gewissens. Die Idee scheint mir immer noch literarisch möglich, aber ich habe in der Gemeinsamen Welt nie die notwendige dritte Wendung gefunden.

Eine Idee für einen Roman hatte ich auch einmal. Er sollte in einem recht großen, verfallenen alten Haus spielen, und die Geschichte würde sich von einem Zimmer zum nächsten fortbewegen und dabei stets den

In the Attic

1.

I doubt if the flat which I had chosen to buy would have pleased anyone but myself. But as soon as the light cracked the top glass & I saw the cracks in the floor it was as though the house held out a hand to me in welcome, and seemed to say in a voice that creaked, 'How good it is to see you again.'

My few friends never understood our friendship. All they could see was the decrepitude of my dwelling: hinges gone, cracks in the ceiling, a basin that leaked, a radiator that gave no heat. I remember still the first

the state of the kitchen didn't trouble me, for most of the food I enjoyed when I was young could now be bought in tins.

180

Dachboden meiden, bis der Leser sich fragen würde, was dort oben wohl sei. Erst im letzten Kapitel würden wir einen Blick hineinwerfen können. Der Dachboden wäre übersät mit Fetzen alter Zeitungen, und indem er sie zusammenfügt, würde der Leser schließlich entdecken, wovon der ganze Roman handelt.

Nur die einleitenden Sätze der Geschichte haben den Weg in die Gemeinsame Welt gefunden:

Auf dem Dachboden

Ich glaube kaum, daß an der möblierten Wohnung, die zu kaufen ich mich entschlossen hatte, irgend jemand sonst Gefallen gefunden hätte. Doch sobald der Aufzug das oberste Stockwerk erreicht hatte und ich die Ritzen in der Tür sah, war es, als streckte die Wohnung mir eine grüßende Hand entgegen, als hieße sie mich mit einer Stimme willkommen, die knarrte wie sie selbst: »Wie schön, dich wieder hier zu sehen.«

Meine wenigen Freunde begriffen meine neue Freundschaft nicht. Sie sahen in meiner Behausung nur den Zerfall: die fehlenden Türangeln, die Risse in der Decke, das leckende Waschbecken, die defekten Heizkörper. Der Zustand der Küche war mir gleichgültig, denn das meiste, was mir in meiner Jugend gut geschmeckt hat, gab es jetzt in Konservendosen zu kaufen. Ich erinnere mich noch an die erste Nacht, die ich dort verbrachte, und an meinen Traum. Der Traum hatte wie alle Träume viele Lücken, Abschnitte, die das Gedächtnis nicht bewahrt hat. Manchmal frage ich mich, ob die Erinnerung nicht oft ein gnädiger Zensor ist, so daß selbst aus einem Alptraum das ärgste Entsetzen gestrichen ist, wenn wir die Augen aufschlagen.

* * *

Wie in der Gemeinsamen Welt hat das Schreiben in Meiner Eigenen Welt eine fast alptraumhafte Seite. Am 3. Mai 1983 begann ich mit der Revision eines Typoskripts meines Buches *Mein Freund, der General.* Es kam mir außerordentlich schlecht vor. Ich las lange, konfuse Sätze, die nirgendwohin führten.

In der folgenden Nacht arbeitete ich an meinem Roman *Monsignore Quijote* und merkte, daß ein ganzer umfangreicher Abschnitt langweilig war. Ich entschied mich dafür, diesen Teil komplett zu streichen, aber das hieße dann, das Romanende mit dem Tod des Monsignore ganz zu verändern, und was für ein anderes Ende konnte das Buch sonst haben?

* * *

Im Juni 1965 war ich mit den Proben zu einem Theaterstück beschäftigt, das ich nach einer ziemlich schlechten Übersetzung bearbeitet hatte. Meine Erfahrungen mit Regie und Schauspielern glichen denen sehr, die ich 1964 in der Welt gemacht hatte, die nicht Meine Eigene ist, und zwar bei der Arbeit an *Carving a Statue.* Peter Wood, der damals Regie führte, tat es auch hier, und Ralph Richardson spielte wieder die Hauptrolle, mit seiner üblichen auftrumpfenden falschen Leutseligkeit und seiner Entschlossenheit, in allem seinen Willen durchzusetzen. Er wollte ständig zu der alten wortwörtlichen Übersetzung zurück, die ich geändert hatte, und er hatte sich eigene Anmerkungen ins Textbuch notiert, die er mich nicht sehen lassen wollte. In einem prahlerischen Moment setzte er seinen altmodisch-flotten Hut auf, der im Dunkeln phosphoreszierend leuchtete. Die ganze Sache langweilte und irritierte mich immer mehr. Ich sagte Wood, wie schlecht Richardsons Rolle als »Der Detektiv« übersetzt war. Er widersprach, und mir wurde klar, daß Wood und Richardson sich darüber einig waren, auf meine Bearbeitung bald ganz zu verzichten. Ich sagte ihm also, in zwei Tagen würde ich nach Südfrankreich abreisen. Es gab keinen Protest. Ich wiederholte: »Übermorgen! Und dann werde ich fröhlich in der Colombe d'Or in St.-Paul-de-Vence zu Mittag essen.«

* * *

Irgendwie hatte ich mich wider Willen dazu überreden lassen, die Veröffentlichung meiner bis dahin zurückgehaltenen Romane *The Name of Action* und *Rumour at Nightfall* zu gestatten. Ich bestand darauf, jeweils eine Einleitung zu verfassen, um zu begründen, weshalb ich sie bisher unterdrückt hatte, und um darauf hinzuweisen, wie schlecht sie waren. Dennoch war ich in großer Sorge und stellte mir den Spaß vor, den die Kritiker sich mit den beiden Büchern machen würden. Ich dachte daran, Taschenbuchausgaben zu untersagen, aber dazu war es offenbar zu spät.

* * *

Am 5. Mai 1973 machte ich eine schreckliche Erfahrung; ich bin dankbar, daß ich dergleichen nie in der Gemeinsamen Welt erlebt habe. Ich hatte eine Liebesszene aus einem neuen Roman an meine Sekretärin geschickt, damit sie eine Reinschrift des Entwurfs mache, aber die war nun voller Lücken. Das war nur lästig. Schrecklich war, daß ich, als ich die Szene der Frau, die ich liebte, vorlas, erkennen mußte, wie verlogen mein Text war, wie sentimental, wie freizügig im ganz verkehrten Sinn. Auch sie wußte, wie schlecht er war, und das machte mich wütend. Ich warf den Text weg. »Wie kann ich dir etwas vorlesen«, rief ich, »wenn du mich immer unterbrichst und kritisierst? Das ist doch schließlich nur ein Entwurf!«

Aber ich wußte, daß das ganze Buch hoffnungslos war. Ich sagte: »Wenn ich doch nur sterben könnte, ehe das Buch erscheint! Es muß erscheinen, damit die Familie Geld bekommt.« Ich dachte plötzlich an russisches Roulette. Hatte ich neulich einen Revolver gekauft, oder war das ein Traum? Meine Geliebte versuchte mich zu trösten, doch das machte alles nur noch schlimmer.

X.

Bühne und Film

Ein seltsames Erlebnis ist in mein Gedächtnis eingeprägt wie eine Zeitungsschlagzeile: »Der Selbstmord Charlie Chaplins«. Es begann mit einem Gerücht vom Tod meines Freundes. Ich saß in einem großen, dicht besetzten Kino und dachte, daß die Nachricht nun jeden Augenblick bekanntgegeben würde. Ich hatte sogar ein wenig Angst, daß im Publikum eine Panik ausbrechen könnte. Doch später wurde das Gerücht dementiert. An meiner Wohnungstür klingelte es, und als ich öffnete, kam Charlie herein, auf jemand anderen gestützt. Er sah wirklich wie ein Sterbender aus. Offenbar hatte er Gift genommen, doch nicht genug, und als er sich hinlegte, zeigte er mit einer Geste, wieviel es gewesen war. Das Gift stammte aus einer Dose. Ich bat seinen Begleiter, mir die Dose zu geben. »Sie kann mir eines Tages nützlich sein.« Es war qualvoll, zuzusehen, wie Charlie langsam starb (so glaubte ich), doch die Lage änderte sich plötzlich – er erholte sich und konnte ohne Hilfe die Wohnung verlassen.

* * *

Im Januar 1984 ging ich ins Theater und sah mir ein klassisches Stück mit dem Titel *Die Partie Krocket* an. Ich saß vorn im Parkett und war etwas nervös, weil einige Tage zuvor Paul Scofield, der die Hauptrolle spielte, in der ersten Szene versehentlich eine Krocketkugel ins Publikum geschlagen hatte, die einen Zuschauer ins Auge traf. Doch an diesem Abend gab es keinen Zwischenfall. Ich lauschte einem sehr interessanten Text. Das Stück handelte von drei Studenten, die als Abschlußprüfung das Haus eines alten Professors aufsuchen und dort an einer Gesellschaft teilnehmen mußten, wobei das Benehmen eines jeden benotet werden sollte. Einer der drei war offensichtlich äußerst schüchtern. Der Professor erwies sich als äußerst freundlich und schien dem Schüchternen gezielt zu helfen – half ihm in der Tat, zu reifen und erwachsen zu werden. Die Dialoge waren flüssig und amüsant. Ich hatte das Gefühl, sie selbst zu erfinden.

* * *

Im Mai 1965 arbeitete ich intensiv an der Inszenierung eines historischen Dramas in Blankversen mit, in der Richard Burton und Elizabeth Taylor spielten. Ich fand sie beide angenehmer als erwartet, und die Taylor war schöner und eine bessere Schauspielerin, als ich gedacht hatte.

Das Stück wurde in Canterbury im Freien uraufgeführt, mit der Kathedrale als Hintergrund. Burton hatte den Eingangsmonolog vor dem Auftritt eines halbverrückten Königs (Heinrich VI.?), den mein Freund Alec Guinness darstellte. Guinness verpaßte sein Stichwort, und Burton überspielte die Verlegenheit, indem er einen Text improvisierte, der sich auf die »geräum'gen Falten dieses Riesenzelts« bezog. Das Publikum lachte freundlich, als es erkannte, was Burton versuchte, während Guinness sich umschaute und sagte: »Ich hab's vergeigt.«

Ich war zornig. Ich hatte das Gefühl, daß er sich aus Eifersucht auf Burton so benahm, und ich beugte mich auf meinem Platz vor und sagte: »Du Schwein!« Er sah mich überrascht und verletzt an. Burton blieb gleichmütig, aber die Vorstellung fand an diesem Abend nicht statt.

Die Uraufführung wurde auf den nächsten Tag verlegt. Man hoffte, die Kritiker würden in Canterbury bleiben, doch am folgenden Abend waren alle Plätze leer. Guinness spielte mit dem Rollentext in der Hand, und obwohl eine Fernsehkamera da war, benahm sich Burton wie auf einer Probe und unterbrach die anderen Schauspieler. Eine Katastrophe!

* * *

Später im Jahr 1965 drehte ich mit Peter Glenville einen Film nach einer Erzählung, die im neunzehnten Jahrhundert in Mexiko spielte. Peter wollte mit mir ausreiten und hatte mir ein kleines schwarzes Pferd besorgt, aber ich reite nicht gern und ließ ihn allein üben: Er ritt immer im Kreis.

Wir kamen zu der Szene im Drehbuch, wo Drew, ein unschuldiger Held, zusammen mit einem Mann namens Houghton nach einem Bankraub vom Sheriff verfolgt wird. Die beiden lassen ihre Pferde einen Moment an einem jener sich verzweigenden Kakteen ausruhen, die man in Mexiko »Candelabro« nennt. Peter hielt dies für eine überflüssige Schwierigkeit, aber ich versicherte ihm, daß ein Film über Mexiko ohne einen Kaktus wie ein Film über Paris ohne den Eiffelturm wäre. Er müßte von Mexico City aus nur ein paar Meilen nach Süden fahren, um solche Kakteen zu finden.

Drew würde die Kandelaberkakteen sehen und zu Houghton gewandt den Kindervers zitieren: »Das ist die Kerze, und die brennt / Bis dann der Strick am Galgen hängt«, und in diesem Augenblick würde der Sheriff mit seinen Leuten am Horizont erscheinen.

* * *

Man bat mich, in einem Stück, das in einem kleinen Theater in Nordafrika aufgeführt werden sollte, den Part eines Priesters zu übernehmen, der bei der Messe Selbstmord begeht, aber ich bekam keinen Text für meine Rolle, und in dem Stück fand sich keine Erklärung meiner Handlungsweise.

Ich beschloß zu improvisieren.

Ein Priester hielt eine Predigt, als ich auftrat. Er teilte dem Publikum mit, daß nicht nur das Weihwasser und der Wein heilig seien, sondern auch die »Gerätschaften« der Messe, der Kelch und der Hostienteller. Ich rief, daß mir diese Gegenstände scheißegal seien. »Ich bin ein Priester, und ich bringe mich um, Gott, weil du aufgehört hast, mich zu lieben.«

Am nächsten Tag ging ich in die Stadt und fragte zwei Afrikaner, ob es mir gelungen sei, das Publikum zu schockieren. Sie versicherten mir, die Leute seien in der Tat höchst schockiert und redeten immer noch darüber. Nebenbei erzählten sie mir, daß der heilige Augustinus in dieser Stadt gelebt habe.

* * *

Ich machte mit Randolph Churchill einen Spaziergang durchs Westend, als er vorschlug, ich solle ihm helfen, das Drehbuch für einen Film über seinen Vater zu schreiben. Die Gefahr dabei, sagte ich, liege in der möglichen Banalität. Ich hatte eine Idee für eine originelle Darstellung des Themas mit dem Titel *Ein großer Mann:* Die Handlung würde fiktive Randfiguren vorführen und zeigen, wie sich ihr Leben durch bestimmte emotionsbetonte Höhepunkte im Leben Churchills veränderte – den 8. Mai 1945 etwa oder seine letzte Krankheit. Ihm gefiel die Idee, und er sagte mir, er wolle versuchen, die Unterstützung der Königin zu gewinnen.

* * *

Ich hatte den Auftrag, bei der Verfilmung eines Stücks von Ibsen Regie zu führen, und ich war nicht vorbereitet. Ich hatte keine Einstellungen, Schnitte oder dergleichen geplant. Ralph Richardson sollte die Hauptrolle spielen, und jemand hatte mich gewarnt, er habe die Absicht, schon am ersten Tag für meine Entlassung zu sorgen und mich zu demütigen.

Richardson war es, der mich dem Team vorstellte – etwa zwanzig Männer saßen an langen Tischen und tranken etwas. Ich machte den Fehler, mich für meine Unerfahrenheit zu entschuldigen, und sie antworteten mir mit lauten Rufen spöttischer Zustimmung. Wenn ich nur den ersten Drehtag überstand, dachte ich, dann könnte ich nachts das Stück durcharbeiten.

Eine Bemerkung von Ralph gab mir einen Hnweis. »Ich möchte«, sagte ich, »mit einer Außenaufnahme anfangen: Ihr Monokel liegt auf der Stufe vor einer Haustür. Kamerafahrt nach oben, und wir sehen, wie sie sich fluchend aus einem Fenster beugen – verwenden Sie die Flüche, die Sie gewohnt sind.«

Aber nach diesem vielversprechenden Anfang fingen wir an, uns zu streiten. Er sprach davon, sich an seinen Agenten zu wenden. »Wollen Sie mir drohen?« fragte ich.

»Ja, das will ich.«

»Ich werde mich an niemanden wenden«, sagte ich zu ihm. »Ich werde Ihnen einfach das Gesicht mit der Reitpeitsche aufreißen.«

* * *

Ich hatte für eine Theaterinszenierung ein Stück über Jedermann gelesen. In einem bestimmten Moment faßt er den großen Entschluß, die Welt mit Hilfe einer Atombombe zu zerstören. Ich dachte mir, die Szene müßte etwa so konzipiert werden: Der Augenblick der Entscheidung darf nicht melodramatisch sein; sie sollte in einem beiläufigen, banalen Dialog fallen – etwas, was die Zuschauer kaum bemerken würden. Aber wegen des theatralischen Effekts müßte auf die simplen Textzeilen eine lange Pause folgen und dann ein intensiver Beleuchtungseffekt, vielleicht in Form des Schattens eines riesigen Vogels.

* * *

Carol Reed erzählte mir, Peter Ustinov wolle, daß er die Regie bei einer Inszenierung des *König Lear* übernehme. Ustinov würde den Lear spielen. Ich war im Zweifel, ob das die richtige Besetzung wäre, obwohl es Stellen gibt, von denen ich mir dachte, daß Ustinov darin sehr gut sein könnte – etwa in der Szene im Gewitter auf der Heide.

Ich lag im Bett, während wir darüber diskutierten, und Carol warnte mich: Ustinov würde mir das Frühstück bringen. Er trat mit einem Laken über dem Kopf ein, das er entfernte, nachdem er das Tablett abgestellt hatte. Er hatte sich einen schneeweißen Bart wachsen lassen, was seinem Gesicht etwas Sanftes, Lauteres, fast Sentimentales gab. Er begann aus der langen Passage zu rezitieren, von der ich befürchtet hatte, daß er sie am schlechtesten bringen würde: »Ich bitt' Euch, knöpft hier auf.« Zu meiner Überraschung war er hervorragend.

* * *

1973 war ich ganz durcheinander wegen eines Theaterstücks, das ich verfaßt hatte – etwas in der Art von *Das Geheimnis*. Peter Glenville hatte es scharf kritisiert, und ich fing an, es umzuschreiben. Seiner vielen Mängel war ich mir durchaus bewußt. Es gab eine Szene, in der die männliche Hauptfigur niederkniete und ein langes Gebet sprach. Ich änderte die Regieanweisung, so daß er nun auf dem Rand seiner Badewanne saß, und schickte mich an, das Gebet drastisch zusammenzustreichen, doch war es zu meiner Überraschung ohnehin nur zwei Zeilen lang. Plötzlich begriff ich, daß das Stück sehr kurz war, und mit einem erhebenden Gefühl schöpferischer Energie fing ich an, Zeilen hinzuzufügen – und ganz am Schluß eine völlig neue Szene.

XI.

Auf Reisen

Ich bin, glaube ich, in Meiner Eigenen Welt ebenso oft gereist wie in der Gemeinsamen Welt. Meine Reisen waren hier wie dort nicht ohne dramatische Momente, doch in Meiner Eigenen Welt reist man mit der Geschwindigkeit des schnellsten Flugzeugs.

Westafrika

Mein Schiff schien gerade erst ausgelaufen zu sein, als ich mich 1965 auch schon in Sierra Leone wiederfand (nicht mehr die Kolonie, die ich im Krieg kennen- und liebengelernt hatte, sondern Teil des unabhängigen Afrika), wo meine junge Tochter vor Gericht stand – es ging um ihr Leben. Man hatte gehört, wie sie den Präsidenten kritisierte.

Es gab offenbar keinen Verteidiger, der die Zeugen ins Verhör genommen hätte, und ich konnte ihre Stammessprache nicht verstehen. War es Temne? War es Kru? War es Iguazu? Ein Mann schritt durch den Gerichtssaal und hielt eine große Rede, die er unterbrach, um mir die Hand zu schütteln. Ich erkannte ihn. Ich erinnerte mich daran, daß ich ihm mehr als zwanzig Jahre zuvor einen Stein auf den Schädel geschlagen hatte, doch er trug mir nichts nach. Wir mochten uns. Er war ein Häuptling und hieß Tumba, und ich wünschte, er würde im Land das Sagen haben.

Während einer Verhandlungspause suchte ich vergeblich nach einem Anwalt. Ich wollte mich an den Richter wenden und ihm sagen, daß meine Tochter nur wenige Stunden im Land gewesen war; alles, was sie sagte, hatte sie von mir gehört, und ich wollte an ihrer Stelle auf die Anklagebank. Alles muß gut ausgegangen sein, denn meine Tochter ist sehr lebendig.

Arabien

Irgendwann in den sechziger Jahren kreuzte ich nachts vor der arabischen Küste. Im Landesinneren lag nicht weit entfernt die verfallene Burg Orbutum. Man erzählte sich Geschichten, daß irgendwo an dieser Küste die verschollenen Goldbergwerke von König Salomo lägen. Geheimnisvolle Lichter leuchteten über der Burg am Himmel, und es gab eine Legende: Wenn man den Namen eines Menschen sagte, den man geliebt hatte, sank eines dieser Lichter herab und zeigte, wo der Schatz lag. Ich flüsterte einen Namen (einen schwedischen Namen), doch nichts geschah – hatte ich vielleicht nicht stark genug geliebt?

Trotzdem überredete ich den Kapitän, daß wir in den Ruinen suchen sollten. Wir mußten uns Genehmigungen für die Schatzsuche besorgen und uns verpflichten, nicht mehr als ein Prozent dessen zu behalten, was wir fanden. Das spielte nach Ansicht des Kapitäns keine Rolle – die würden nie wissen, wie hoch der Prozentsatz wirklich lag. Aber ehe wir mit unserer Suche beginnen konnten, traf ein amerikanischer Marineoffizier ein, der die alleinigen Rechte beanspruchte. Wir sagten ihm, wir hätten uns zuerst gemeldet, doch er wies uns darauf hin, daß das nichts zu bedeuten habe. In seinen Papieren stand gedruckt, daß die amerikanische Regierung die Burg Orbutum für den Tourismus instand hielt und als Gegenleistung das Vorrecht bei der Schatzsuche hatte. Gegen die amerikanische Regierung war nicht anzukommen.

China

Im November 1964 hatte ich das Glück, zu einem Gespräch mit dem Kaiser von China vorgelassen zu werden, in jener Stadt, die ich immer noch lieber »Peking« nenne. Ich reiste mit meinem Freund Michael Meyer, dem Übersetzer und Biographen Ibsens, aber er stellte sich als unbefriedigender Reisegenosse heraus, da er ständig an Kopfschmerzen und anderen kleineren Unpäßlichkeiten litt.

Ich trug unpassenderweise ein Sporthemd und fing an, mich beim Kaiser wegen meines formlosen Aufzugs zu entschuldigen. Der Kaiser überraschte mich. Halb rannte, halb schlitterte er ins Zimmer – ein dünner älterer Herr in schwarzem Frack, aber ohne Fliege. Ihm folgten einige hochrangige Mandarine in traditioneller Kleidung, und nach wenigen Worten nahmen sie uns mit auf eine Fahrt durch die Straßen Pekings. Ohne ersichtlichen Grund verließ uns der Kaiser an einem Punkt, und gleich darauf hörten wir ihn hinter uns rufen. Wir hatten keine Zeit, unser Taxi wenden zu lassen, als er auch schon in einem anderen Taxi herangefahren kam und wieder bei uns einstieg.

Ich hatte genug von den Straßen und Mauern Pekings und schlug im Interesse von Michael, der noch nie in China gewesen war, eine kleine Besichtigungsfahrt durch die Landschaft vor. »Ich erinnere mich an ein kleines grünes Dorf um einen Tempel herum, mitten in den Reisfeldern, wunderschön.«

Der Kaiser verließ uns wieder, und ein alter Mandarin erkundigte sich nach meinem früheren Besuch. Ich wollte ihm einige herrliche Farbfotos zeigen, die ich damals gemacht hatte, aber ich fand in meiner Brieftasche nur graue traurige Fotos nackter verhungernder Menschen (und ein paar von brutalen Übergriffen der Polizei, die ich hastig verbarg). Die anderen mußte ich ihm wohl oder übel zeigen, aber ich versuchte, ihre Bedeutung möglichst herunterzuspielen, indem ich sie einem Ort und einer Zeit zuordnete: »Die wurden in dem Jahr aufgenommen«, sagte ich, »als die große Dürre in Kyoto war.«

Syrien

Im Juni 1965 befand ich mich in Syrien, während ein entsetzliches Massaker an Kindern stattfand, sogar an Säuglingen. Ich hatte schon einmal etwas Ähnliches an einem Festtag in Damaskus gesehen, doch nicht in diesem Ausmaß. Ich gehörte zu einer Reisegruppe und hielt es für unklug, auf die Straßen hinauszugehen, doch ich wurde überstimmt – es hieß, für Ausländer bestünde keine Gefahr. Männer liefen mit gezogenen Messern herum, und später, als wir beim Essen saßen, kam eine Frau mit einem Säugling auf einer Platte herein und zerteilte ihn, wie man einen Sack aufschlitzt.

Australien

Im Juli desselben Jahres reiste ich durch Australien, ein Land, das ich in der Gemeinsamen Welt nicht kennengelernt habe, von einem Tag in Sydney abgesehen. Mein Wagen war in einem Fluß versunken, und vier Männer halfen mir, ihn herauszuhieven. Ich empfand Dankbarkeit, bis einer anfing, von den Kosten des »Bergungsunternehmens« zu reden. Er sagte, ich schulde ihnen zwischen achtzig und hundertzwanzig Pfund.

Er war sehr aggressiv, und ich fürchtete mich vor ihm. Am Ende zahlte ich die achtzig Pfund. Er nahm sie mürrisch entgegen. Ganz offensichtlich haßte er die Engländer. Ich wußte, daß ich nicht länger in so einem Land leben konnte.

Liberia

Ich bin im Jahr 1965 wohl viel auf Reisen gewesen, denn zwei Wochen nach Australien war ich im Auftrag der *Sunday Times* zu Besuch in Liberia. Es lag mehr als dreißig Jahre zurück, daß ich in der Welt, die ich mit anderen teile, zusammen mit meiner Cousine Barbara in Liberia war. In der Hauptstadt Monrovia hatte sich viel verändert. Ich wohnte in einem Hotel, das die Bezeichnung »Luxushotel« wahrhaft verdiente. Zweck meiner Reise war es, mehrere Regierungsmitglieder zu interviewen, und ich fragte jemanden, wie ich das anstellen konnte. »Nichts leichter als das«, sagte er. »Überlassen Sie das nur Ihrer Sekretärin. Die schafft das.« Und sie schaffte es. Ich hatte Gesprächstermine mit fast allen Kabinettsmitgliedern, nur nicht mit dem Präsidenten – und ich war sehr froh, ihm nicht zu begegnen, hatte er doch allen Grund, mich zu hassen, denn es war Dr. Duvalier, ehemals Haiti, Papa Doc.

Im selben Monat war ich wieder in Westafrika, wo sich eine gefährliche Situation ergeben hatte, da die Bevölkerung eines Dorfes voll Zorn auf die Weißen war. Man schlug vor, daß jemand unbewaffnet hingehen und mit den Leuten reden solle. Nicht ohne Angst meldete ich mich. Ich gesellte mich zu einem anderen Mann, und zusammen gingen wir ins Dorf. Jemand hatte meine Qualifikation in Zweifel gezogen, und ich hatte erwidert, daß ich die Afrikaner schon immer gut leiden konnte. Die Lage im Dorf war angespannt, aber es ging alles gut. Als wir wieder aufbrachen, trafen wir eine Gruppe von Nonnen, die nur allzu froh waren, uns zu sehen.

UdSSR

Ich ging mit vier Gefährten nachts durch Moskau, aber ein KGB-Auto erschreckte meine Freunde, und sie ließen mich allein. Ich hielt es für das beste, gleich selbst zu den KGB-Beamten hinzugehen und mich nach dem Weg zum Hotel Europa zu erkundigen. Die Beamten sagten: »Steigen Sie ein. Wir bringen Sie hin.« Im Hotel brachte jemand einen hohen Kindersitz für einen der beiden Beamten, und ich sah nun, daß er ein Zwerg war. Ich fragte ihn, warum die Leute nachts nicht auf die Straße dürften. Er erwiderte: »Wir wollen, daß die Straßen sicher sind.« Ich sagte: »Sicher für wen, wenn niemand hinausdarf?« Er gab zu, daß er die Sache so noch nicht betrachtet hatte.

Kuba

Ich wurde im Auto über eine Grenze nach Havanna gefahren. In einer Amtsstube dort sprach ich mit einem Regierungsmitglied. Mein Freund, der mich hergebracht hatte, nahm an, daß man mir nun einen Wagen zur Verfügung stellen würde, mit dem ich nach Süden reisen konnte, aber ich war der kubanischen Revolution überdrüssig und wollte kein Risiko eingehen. Der Minister war wie üblich nicht im geringsten hilfsbereit. Mein Freund sagte, die Priester hätten sich alle davongemacht und das flache Land sei ganz in den Händen der Suffragetten – prächtig aussehende Frauen, doch welche Greuel! Ich sagte dem Minister, ich hätte vieles zugunsten der Revolution geschrieben, aber von seiner Seite keinerlei Hilfe bekommen. Er sagte ausweichend: »Sie haben mehr gesehen als wir.« »Was wollen Sie damit sagen?« »Von uns hat noch keiner einen betrunkenen Priester gesehen.« Er bezog sich auf eine Figur in meinem letzten Artikel – einen Priester, den ich auf dem Rückflug nach Hause im Flugzeug gesehen hatte.

Südafrika

Als ich in Südafrika war, las ich in einer auf Afrikaans erscheinenden Zeitung von einem Polizeiverhör, das ich durchgemacht hatte. Alle Welt bemitleidete mich.

Ich zog meinen linken Handschuh aus und eine ziemlich verkrümmte Hand kam zum Vorschein, aber ich weigerte mich, die Polizei der Folter zu beschuldigen. »Sie waren einfach wütend über meine Antworten«, sagte ich. Ich war recht stolz auf meine großzügige Haltung, insgeheim aber zufrieden, als Held zu gelten. »Es war eine Frau, die dir die Finger verdreht hat, oder?« »Um die Wahrheit zu sagen, ich erinnere mich nur an zwei Männer. Vielleicht war eine Frau dabei. Ich kann mich irgendwie nur noch an ganz wenig erinnern.« Ich dachte, ich könnte versuchen, eine Nachricht an meinen Freund Etienne Leroux zu schicken – einen Romancier, den ich bewunderte –, um ihm mitzuteilen, daß ich in Kapstadt war, aber ich wollte ihn nicht in Schwierigkeiten bringen und überlegte mir, daß ich den Namen Verdant benutzen würde, den er wohl als »Greene« entschlüsseln konnte.

XII.

Lesen

Ich hatte eben mit großem Vergnügen eine neue Bibelübersetzung von meinem Freund George Brown, dem Labour-Politiker, gelesen und viele Stellen angestrichen. Mir gefiel vor allem die Art, wie er sich mit den Psalmen auseinandersetzte, denn die hatten mich immer gelangweilt. George hatte nur wenige Fragmente übriggelassen, so daß sie nun das gespannte Interesse erweckten, das wir verstümmelten Papyrusurkunden entgegenbringen.

* * *

In Boswells Biographie von Samuel Johnson stieß ich auf eine Bemerkung von Dr. Johnson, die mir amüsant erschien. Sie bezog sich auf Fürze.

»Die geistlichen Herren hielten den Wind unter ihrem Gewande, bis der Geruch sich den Damen zurechnen ließ, oder wiederum hatten die Damen gewartet, bis der Wind sich den geistlichen Herren zurechnen ließ.«

* * *

Eine Party mit dichtem Gedränge, alle bedienten sich selbst mit Essen und Getränken. Ich stellte mich zu Claud Cockburn, der mit einem jungen Schriftsteller redete, dessen Nachname Graham war. Sie sprachen über George Orwell. Ich sagte, *1984* sei ein schlechter Roman, wie alle seine Romane. Nur seine Essays seien gut.

* * *

Ein Jesuitenpater namens Blunden wollte mit mir über eine kritische Bemerkung reden, die ich über den Papst gemacht hatte. Als wir uns trafen, fragte ich, ob er mit meinem Freund, dem Lyriker Edmund Blunden, verwandt sei. Er sagte nein und äußerte sich abfällig über dessen Gedichte. Er sagte, Blunden sei der Dampf ausgegangen.

Ich entgegnete, das ginge allen im Alter so und Blunden habe ein bedeutendes Lebenswerk hinterlassen. Er gab zu, daß *The Midnight Skaters* ein gutes Gedicht sei, und ich versuchte, mich an den Titel eines anderen Gedichts zu erinnern, das mit der Zeile endete: »Schau voller Haß auf durch den Spiegel.« Ich fing an, eine Sammlung seiner Lyrik durchzusehen, aber ich konnte das Gedicht nicht entdecken.

* * *

Jemand hatte mir ein Buch von Sacheverell Sitwell gezeigt, in dem dieser behauptete, er und seine Frau seien deshalb nach Kenia ausgewandert, weil ich etwas über sie geschrieben hätte. Sie litten unter größter Einsamkeit, könnten sich aber nicht entschließen zurückzukehren. Ein schrecklicher und wahrer Satz ist mir im Gedächtnis geblieben: »Einsamkeit teilt man nicht miteinander – sie multipliziert sich.«

* * *

Zu meinem Erstaunen begann mein Verleger, Mr. Frere von Heinemann, die Romane von C. P. Snow zu loben. Er sagte, sie seien weltberühmt. Ich bestritt dies. In Frankreich, sagte ich, sei er praktisch unbekannt, und ich fing an, die Absurditäten seines Stils darzulegen. In dem Buch, das Frere gerade las, kam ein Mann vor, der seine Frau »nahm« oder »gerade gehabt hatte«. Doch ich konnte seine unerklärliche Bewunderung nicht erschüttern.

* * *

Ich wollte meinem kleinen Sohn (der in der Gemeinsamen Welt nicht länger klein ist) einige Gedichte aus Robert Louis Stevensons *A Child's Garden of Verses* vorlesen. Ich konnte Stevensons gesammelte Gedichte, herausgegeben von Janet Adam Smith, nicht finden, obwohl ich wußte, daß ich in Antibes und in Paris je ein Exemplar hatte. Alles, was ich fand, war eine Auswahl mit sehr schlechten Illustrationen, die all die Gedichte nicht enthielt, die mir besonders gefielen (darunter das, das ich vorlesen wollte, mit der Zeile: »eine Sünde, die nie zu verzeihen ist«). Mein Sohn hatte Freude an den Illustrationen, was meine Enttäuschung, daß ich das Gedicht nicht finden konnte, nur noch steigerte. Endlich entdeckte ich die Ausgabe, die ich suchte, aber zu spät – er war schon gegangen –, hinten in einem Schrank verkramt.

* * *

Mit einem französischen Freund war ich durch Paris gewandert. Erst in der Rückschau erkenne ich, was für ein viktorianisches Paris dies immer noch ist. Wir erreichten eine Art Markt, an dessen Rand es Läden für antiquarische Bücher gab, während man in der Mitte Bücher herstellte: An manchen Ständen wurden Seiten gesetzt, an anderen Bücher gebunden. Am ersten Laden für Bücher aus zweiter Hand, an dem ich stehenblieb, sah ich zu meinem Vergnügen Stapel von alten Nummern des *Strand Magazine* liegen, mit einer Schnur zusammengebunden. Nichts war in besonders gutem Zustand, aber trotzdem war dies ein Laden nach meinem Geschmack. In einem Bündel steckte eine alte Sieben-Penny-Broschur von Nelson (ich glaube, ein Roman von Booth Tarkington), doch war es keine von denen, die ich suchte. Aber ich fand einen Dick Donovan für meine Sammlung viktorianischer Detektivgeschichten und einen weiteren Kriminalroman von einem mir unbekannten Autor – doch zu meiner großen Enttäuschung sagte mir der Buchhändler, seine Bestände seien nur zum Ausleihen da. Ich ging weiter über den Markt, aber die anderen Stände boten meist nur Nachschlagewerke an.

* * *

In Meiner Eigenen Welt hat mir vor kurzem meine Mutter Gedichte vorgelesen – Gedichte, die mir als Kind gefallen hatten und die ich vielleicht seither vernachlässigt habe, denn sie schienen nun eine ganz andere Qualität zu entfalten. Eines war von Robert Bridges: »Wohin, du großes Schiff mit so viel weißen Segeln …«

XIII.

Naturwissenschaften

Eine Nobelpreisträgerin

Ich hatte ein sehr interessantes Buch von einer Ärztin gelesen, die glaubte, sie hätte ein Verfahren zur Heilung einer tödlichen Erkrankung der Eingeweide entdeckt, die von einem Virus mit dem Namen Fugger ausgelöst wurde. Sie injizierte einer Wespe den Fugger – an dem sie selbst litt – und brachte das Insekt dazu, sie in den Bauch zu stechen. Sie wurde geheilt. Sie beriet sich mit einem befreundeten Mediziner, der sie fragte, ob sie wirklich an diese Heilmethode glaube, und sie gab zu, daß sie es nur halbherzig tat. Doch er ermunterte sie, ihre Forschungen fortzusetzen. Zwei Patienten wurden kuriert, der dritte starb, doch der vierte wiederum wurde geheilt. Sie bekam den Nobelpreis für Medizin, aber dann starben zwei weitere Patienten. Ihr Freund hielt es für möglich, daß die Heilung vom psychischen Zustand des Patienten und vom Grad seines Vertrauens in die Heilmethode abhing. Die Ärztin war wegen der schlechten Ergebnisse und ihres eigenen schwankenden Glaubens deprimiert. Ihr Mann bot sich an, ihr zu helfen, indem er sich Fugger injizieren und dann durch den Wespenstich behandeln ließ. Sein heroisches Opfer wurde belohnt – er wurde geheilt.

Im Weltraum

Ein Freund zeigte mir zwei Objekte, die vom Himmel gefallen waren und sein Dach durchschlagen hatten. Das eine war eine Felskugel, die natürlichen Ursprungs sein mochte, das andere ein wunderbar gearbeiteter Schädel aus einem weißen Material wie Marmor. Dieser Gegenstand konnte nur von einer menschenähnlichen Intelligenz gefertigt worden sein. Er schien tatsächlich der Beweis zu sein, daß im Weltraum intelligentes Leben existierte.

Als ich die Mondoberfläche durchs Fernglas absuchte, entdeckte ich plötzlich ein menschliches Gesicht, das in eine große Felsklippe gemeißelt war. Ich war durch diese Entdeckung und all das, was sich daraus folgern ließ, aufs höchste erregt, doch niemand sonst sah es, so sehr ich mich auch bemühte.

XIV.

Liebe?

Im Juli 1965 verbrachte ich einen traurigen Sommerabend. Ich war mit einem Mädchen verlobt, dessen Mutter mich verabscheute und nur das Ende unserer Beziehung herbeisehnte. Die nervliche Belastung führte zu einer Auseinandersetzung zwischen mir und der jungen Frau, ihr Stolz tat ein übriges, und ich trieb den Streit schließlich auf die Spitze, so daß sie mit mir brach und ich in die Trennung einwilligte. Die Mutter lauschte befriedigt und nahm ihre Tochter mit nach oben.

Ich war traurig und fühlte mich schuldig, und mir war klar, daß meine Erleichterung über diese radikale Lösung nicht anhalten würde. Im Haus wurde eine Party gefeiert; die Mutter tauchte wieder auf und hielt ihre Tochter in den Armen, klein und in sich zusammengefallen und kurz davor, sich zu übergeben. Die Mutter bat mich dringend, etwas herbeizuschaffen, und ich brachte eine Vase, in die sich das Mädchen erbrach. Ich spürte Mitleid und Schuld und auch Liebe, und es wurde mir zum ersten Mal bewußt, wie sehr sie mich liebte und was ich verlor.

Unter den Gästen war Henry Moore, und als ich das Zimmer verließ, entschuldigte ich mich bei ihm, daß ich ihn nicht früher erkannt hatte, weil mir der Streit so nahegegangen war. Ich verließ das Haus und ging mit dem Bruder des Mädchens spazieren. Er hatte viel Mitgefühl mit uns beiden. Wir begegneten ihrem Vater, den ich immer gern gehabt hatte, und ich wandte mich an ihn: »Ich bin doch nicht so ein gemeines Monstrum, oder?« Er lächelte, um mich zu beruhigen.

Als ich zum Haus zurückkam, war das Mädchen da, und alles zwischen uns war wieder in Ordnung.

XV.

Eine kleine Rache

Eine kleine Rache ist in Meiner Eigenen Welt ebenso süß wie in der Welt, die wir miteinander teilen, und um so süßer, wenn sie unerwartet kommt, wie am Nachmittag des 20. November 1988.

Meine Schwester Elizabeth war unerwartet mit einem Freund zu Besuch gekommen, als ich gerade meine Wohnung in Paris verließ, und ich lud beide auf einen Drink in ein für gewöhnlich stilles Bistro um die Ecke ein. Es saßen dort mehr Leute als üblich, und ich zögerte noch, ob wir bleiben sollten, als Elizabeth in scharfem Ton einen Mann ansprach, der allein dasaß und sich anscheinend Notizen machte. »Tragen Sie immer eine Brille?«

»Nein«, erwiderte er einigermaßen erstaunt.

»Würden Sie Ihre Brille einmal abnehmen?«

Er gehorchte, und meine Schwester sagte: »Ah ja, ich dachte mir doch, daß ich Sie kenne.« Sie erklärte mir: »Das ist ein Anwalt, der bei etwa vier Verleumdungsprozessen gegen dich aufgetreten ist.«

»Hat er sie gewonnen?«

»Nie mehr als ein paar hundert Pfund.«

Alle Leute im Bistro lauschten aufmerksam.

»Sind Sie denn Mr. Creen?« fragte der Mann.

»Ich heiße Greene«, sagte ich zu ihm, »nicht Creen. Aber Ihnen sei sowas verziehn.«

XVI.

Mein Leben als Verbrecher

Ich war zusammen mit einer Frau in einen Mord verwickelt. Wir hatten die Leiche auf dem Bahnhof in einem Gepäckkarren versteckt – ein Gepäckträger, der in der einen Richtung vorbeikam, konnte sie nicht sehen, aber für andere war sie noch sichtbar. Wir beeilten uns davonzukommen, aber als ich zurückschaute, sah ich, daß sich eine Menschenmenge angesammelt hatte.

Am Bahnhofseingang gab es eine Kontrolle, aber wir kamen unbehelligt durch. Dann mußten wir am Ausgang des Bahnhofsvorplatzes eine weitere Kontrolle passieren. Es hatte sich eine kleine Schlange gebildet. Der Kontrolleur telefonierte, wahrscheinlich warnte man ihn wegen des Mordes. Mir gelang es, mich vorbeizudrängen, aber meine Gefährtin wurde aufgehalten.

Ich ging schnell die Straße hinunter und bog um die erste Ecke, die sich anbot. Die Nebenstraße führte zu einem anderen Bahnhof, und hier stieß meine Begleiterin wieder zu mir. Sie hatte sich an der Kontrolle freikämpfen können. Ich sagte zu ihr, das beste für uns wäre es, den nächsten Zug zu nehmen, ganz gleich, wohin. Einer setzte sich gerade in Bewegung, und wir sprangen ohne Fahrkarte auf, doch wir konnten beim Schaffner Karten kaufen und erfuhren, daß das Fahrtziel irgendwo an der Marne lag.

»Ein unwirtlicher grauer Landstrich«, sagte meine Freundin.

»Macht nichts«, sagte ich. »Wären wir in Paris geblieben, hätten sie nur an dem einen Ort suchen müssen. Jetzt an der Marne müssen sie an zehntausend Stellen nachforschen, und wir sind auf dem Weg nach Osten.«

Unglücklicherweise saß gleich hinter uns im Wagen ein sehr neugieriges Ehepaar, und der Mann hatte eine Zeitung gelesen, in der ein Bericht über den Mord stand. Meine Freundin trug eine sehr eigenartige spitze Mütze, und ich befürchtete, die könnte auf einem Zeitungsfoto zu sehen sein. Ich sagte ihr, sie solle sie abnehmen, und legte die Mütze dann zusammengeknüllt auf meine Knie.

Unser Mitreisender hörte nicht auf mit seiner Fragerei. Ich sagte ihm, wir würden zusammen eine Geschichte schreiben – eine Geschichte über Verbrecher. Nun ja, eigentlich keine richtigen Verbrecher. Von einem großen Verbrechen konnte keine Rede sein. Es war eine Geschichte über eine Truppe fahrender Artisten, die Wildbret stahlen und es auf gestohlenem Holz brieten.

* * *

Ich wohnte mit meiner Geliebten in einem kleinen Zimmer, und die Polizei suchte im Zusammenhang mit einem Raub nach mir. Einige der gestohlenen Gegenstände waren im Zimmer versteckt. Als ich durch das Fenster schaute, sah ich, wie sich die Polizei zu einer Razzia sammelte. Ich war entschlossen, mich gegen die Verhaftung zu wehren, doch plötzlich war das Zimmer voller winziger Vögel mit blauen Flügeln – sie zogen in der Luft hin und her wie Fischschwärme. Als sie begannen, sich auf meinen Schultern niederzulassen, war meine erste Reaktion Angst und Abscheu, denn ich habe mich stets vor der Berührung eines Vogels gefürchtet, doch dann verging meine Angst. Ich konnte sie kätzchenweich an meinem Hals spüren. Meine Stimmung wandelte sich. Liebe trat an die Stelle von Angst und Trotz, und als die Polizei ins Zimmer stürmte, leistete ich keinen Widerstand. Man gestattete mir, den Beamten zu der Stelle zu folgen, an der die anderen Gefangenen zusammengebracht wurden. Man schob uns in einen Transporter, und während der Fahrt griff einer der Gefangenen einen Bewacher mit seinen Handschellen an. Ich hielt ihn zurück.

* * *

Im Mai 1965 stahl ich etwas von großem Wert, obwohl es nur wie ein Fetzchen schwarze Spitze aussah. Wenn es entdeckt würde, stünde mir eine lange Haftzeit bevor. Eine Polizistin in Zivil kam, um meine Wohnung zu durchsuchen. Sie war recht liebenswürdig, doch äußerst gründlich. Ich behielt den Fetzen lange Zeit in der Hand, doch befürchtete ich, daß ich schließlich selbst auch durchsucht werden würde. Als sie mit etwas anderem beschäftigt war, verbarg ich ihn in einem Karton Würfelzucker, wo ich ihn unter die Zuckerstückchen schob. Unglücklicherweise öffnete sie schließlich auch den Karton und schaute prüfend hinein. Ich hoffte, in dem Karton würde es zu dunkel sein, um das schwarze Fetzchen zu entdecken. Sie schaute lange Zeit hinein, dann schloß sie die Schachtel. Die Durchsuchung war vorbei.

Ich fragte sie, ob die Polizei sich nun davon überzeugt habe, daß in meiner Wohnung nichts zu finden sei, und sie bejahte das, aber ich schloß die Möglichkeit nicht völlig aus, daß sie plötzlich doch noch einmal wiederkamen, und versuchte, mir ein besseres Versteck auszudenken. Vielleicht war mir das eine Lehre, denn in den über zwanzig Jahren, die nun folgen, finde ich keine weiteren Hinweise auf Diebstähle.

XVII.

Unangenehme Erlebnisse

Ich hatte ein sehr unangenehmes Erlebnis. Ich entdeckte, daß aus meinem Penis mit dem Urin zusammen Krevetten hervorkamen. Es lagen etwa zwölf in der Toilettenschüssel – und eine kleine Languste.

* * *

Da saß ich in dem mir liebsten kleinen Restaurant mit dieser alten Nutte über Sechzig. Was hatte mich nur veranlaßt, sie aufzugabeln – Mitleid? Ich sprach höflich mit ihr. Sie sah nicht aus wie eine Nutte, dachte ich, und schöpfte wieder Hoffnung. Ich hörte, wie am Nebentisch mein Name fiel, und versuchte vergeblich, zu hören, was man dort über mich sagte. Sie erwartete, daß ich anschließend mit ihr nach Hause ging, und was sollte ich da machen? Ich war dumm genug, ihr zu sagen, dies sei mein Lieblingsrestaurant. Ich dachte: Ich werde monatelang nicht mehr herkommen können, weil sie vielleicht hier nach mir sucht.

Aus irgendeinem Grund verließen wir das Restaurant getrennt, und ich dachte einen Augenblick daran, mich um die Ecke davonzustehlen, entschied dann aber, daß das unfair und gefühllos wäre, und da hörte ich ihren lockenden Ruf. Ich erklärte ihr, so gut ich konnte, daß an diesem Nachmittag einfach nicht genug Zeit war, mit ihr nach Hause zu gehen, und daß ich ohnehin zu müde war. In diesem Fall, sagte sie, hätte ich ja Zeit, eine Ausstellung religiöser Kunst in der Kirche am Ende der Straße anzusehen. Ich stimmte zu, obwohl ich nicht die Absicht hatte hinzugehen, und drückte ihr einen Hundert-Franc-Schein in die Hand.

XVIII.

Sprechende Tiere

Es gehört zu den reizvollsten Zügen Meiner Eigenen Welt, daß dort die Tiere so verständlich reden wie die Menschen. Am Abend des 18. Oktober 1964 zum Beispiel streichelte ich ein getigertes Kätzchen, das sich mit dünner, heller Stimme brüstete, es habe an diesem Tag schon vier Vögel getötet. Ich tadelte die Katze mit gespieltem Ärger (da ich Vögel nicht besonders mag). Sie erwiderte mit einem gewissen Pathos: »Aber Sie müssen wissen, ich habe zweiundvierzig Franc für sie bekommen.«

* * *

Ich war besorgt und ein wenig verängstigt wegen eines widerlichen kläffenden kleinen Hundes, dem es nicht paßte, daß ich ins Haus kam. Wenn ich ihm den Rücken kehrte, konnte ich hören, wie er mit plötzlichen Sprüngen meine Fersen attackierte. Ich drohte ihm mit dem Finger und schimpfte mit ihm, und er ließ sich auf die Seite fallen und winselte laut: »Bestrafen Sie mich jetzt?« Ich erwiderte: »Na, darauf kannst du dich verlassen!« Er ließ in seiner Angst eine kleine Pfütze Speichel hervorsickern.

* * *

In einer Hütte am Meer, in der ich wohnte, bekam ich Besuch von einem bemerkenswert intelligenten Hund. Ich war ihm schon einmal begegnet, in Gesellschaft seines Besitzers. Er hatte enganliegendes, lockiges schwarzes Haar. Er öffnete selbst die Tür, kam zu mir und legte den Kopf auf mein Knie. Sehnsüchtig fragte er: »Bin ich schneller als Diamond?« Diamond war eine Katze. Ich sagte: »Ja.«

»Bin ich schneller als ...« (Er nannte einen alten Spaniel.)

»Ja«, sagte ich, »aber du mußt bedenken, der ist schon sehr alt.«

Später mußte ich ihn tadeln, weil er die Pfote auf den für zwei gedeckten Tisch gelegt und nach der Zuckerschale ausgestreckt hatte. Ich klopfte ihm sanft auf die Pfote, und er verließ den Raum, wobei er die Tür selbst öffnete und wieder hinter sich schloß.

* * *

In Mailand mit meiner Freundin Yvonne und ihrem Setter Sandy. Yvonne ging in den Dom, und als ich mich nach Sandy umschaute, sagte mir einer der Umstehenden, er sei ihr in die Kirche gefolgt. Aber das stimmte nicht – das war ein anderer Hund. Sandy war verschwunden, und wir standen kurz vor der Abfahrt aus Mailand. Ich ging alle Nebenstraßen ab und rief mit wachsender Besorgnis seinen Namen. Endlich sagte jemand: »Da ist er!«, und ein Setter sprang enthusiastisch auf mich zu. Erst als ich ihn ins Hotel zurückgebracht hatte, wurde mir klar, daß er die falsche Farbe hatte. So ging ich wieder los und rief »Sandy!«, und zu meiner Erleichterung kam er an. Er sagte zu mir: »Wenn ich nur eine Handtasche mit etwas Geld fürs Taxi bei mir gehabt hätte! Ich hatte mich verlaufen, und nicht einmal den Namen des Hotels habe ich gewußt.«

XIX.

Krankheit und Tod

Ich mußte mir den Rücken massieren lassen. Der Masseur – anscheinend ein Amerikaner – fand zwei schwarze Flecken auf meinem Hintern, unterhalb des Steißbeins. Er sagte, er müsse sie entfernen, und kniff sehr fest in die eine Stelle, während er die Prozedur fortwährend kommentierte. Es schmerzte beträchtlich, ehe er mit dem ersten Fleck Erfolg hatte. Ich schaute über die Schulter und erwartete, etwas Streichholzkopfgroßes zu sehen, doch er hielt einen großen Scampo zwischen den Fingern, umhüllt von einer durchsichtigen Blase.

»Lebt das?« fragte ich.

»Natürlich lebt das«, sagte er.

»Ich hätte gedacht, daß ich spüre, wenn es an mir herumfrißt.«

Der Masseur war von der Anstrengung erhitzt und wischte sich die Stirn. »Das frißt nicht. Es ist wie eine Pflanze. Es liegt sozusagen still in Ihnen drin, wie in der Erde.«

Er begann, an dem zweiten zu arbeiten. Diesmal war es noch schwieriger. Er sagte: »Von denen kann man

Hepatitis kriegen. Vielleicht habe ich Sie noch rechtzeitig davor bewahrt.«

Plötzlich hörte ich einen ärgerlichen Ausruf von ihm. Ich glaube, er hatte den Kopf des zweiten Exemplars abgerissen und den Leib im Fleisch gelassen.

* * *

Meine Mutter war gestorben, und ihr toter Körper mußte vom Bett gehoben und in ein anderes Haus getragen werden. Ich wollte dabei nicht helfen, mußte es aber tun, und ich wollte nicht hinsehen, aber es war notwendig. Der Leib war sehr dünn und trocken und zusammengeschrumpft. Es war leichter, ihn aufrecht weiterzubewegen, und in kurzen Momenten ähnelte er meiner älteren Schwester, die viele Jahre zuvor gestorben war.

Dann hörte ich den Leichnam sprechen, als ich ihn fortbewegte. Er sagte: »Kalt. Kalt.« Ich versuchte, die anderen davon zu überzeugen, daß der Körper nicht wirklich tot sein könne, aber sie achteten nicht auf mich. Ich sagte dem Leichnam, ich würde ein Feuer anmachen, und dann wäre es bald warm. Es kam keine Antwort, aber ich empfand ein schreckenerregendes Mitleid. Man konnte, so schien es, auch nach dem Tod leiden.

* * *

Ich war in eine Diskussion über die Angst vor der Auslöschung durch den Tod verwickelt. Ich begann, indem ich von meinem Traum erzählte, der mir anzudeuten schien, daß es ein Weiterleben gibt für die, die daran glauben. In dem Traum hatte ich die Anwesenheit von Menschen gespürt, die ich geliebt hatte und die mich nun riefen, mich zu ihnen zu gesellen. Aber ich hatte durch meinen Mangel an Glauben die Auslöschung gewählt. Ein großer schwarzer Trichter wie ein Kerzenauslöscher sollte mir über den Kopf gestülpt werden.

In der sich anschließenden Diskussion behauptete ich, daß wir alle, ungeachtet unserer Glaubensvorstellungen, die Auslöschung fürchteten.

* * *

In Meiner Eigenen Welt schrieb ich einmal ein kleines Gedicht für einen Wettbewerb in der Zeitschrift *Time and Tide,* doch – ich brauche es nicht zu erwähnen – der Text kam nie bei dieser Zeitschrift an. Das Gedicht hatte meinen eigenen Tod zum Gegenstand:

Aus dem Zimmer nebenan
Summt das Fernsehen Ach und Weh
Von Krankheit, Ekzem und Kräutertee.
Mein Atem faltet sich
Wie Laken in Lavendel.
Wenn ich mein Ende seh:
Es kommt zu mir wie Kindertee.